친구에게 내 기분을 솔직하게 말했는데 사이가 어색해진 적 있나요?
복잡한 상황을 설명하다가 오히려 뒤엉켜 버린 적은 없나요?

속담, 고사성어, 관용어, 우리말을 제대로 알면
하기 어렵거나 듣기 싫은 말도 간결하고 재치 있게 주고받을 수 있어요.
그러기 위해선 상황에 알맞은 표현을 제대로 익혀야 해요.

〈머리에 콕 입에 착 붙는 어휘 스도쿠 관용어〉는
다양한 상황 속에서 여러분의 생각을 똑똑하게 전달할 수 있는
든든한 어휘 길잡이가 되어 줄 거예요.

의미와 쓰임을 모른 채 달달 외우는 것이 아니라
만화와 풍부한 설명으로 100개의 관용어를 '이해'하고,
어휘 스도쿠와 다양한 퀴즈를 통해 '활용'하는 법을 배울 수 있지요.
그러다 보면 어느새 머리에 콕! 입에 착! 붙어 어휘가 저절로 나온답니다.

이 책은 초등학생이라면 꼭 알아야 할 필수 어휘만 모아
의사소통은 물론 공부의 기본기까지 확실하게 잡아 줄 거예요.

신나는 게임을 하듯 흥미진진한 어휘의 세계로
힘차게 첫걸음을 내디뎌 봐요!

모두가 어휘와 친해지는 그날까지
맹지현

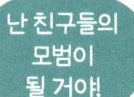 새콤달콤 디저트 친구들

마코
뒷일은 생각하지 않고,
일단 저지르고 보는 사고뭉치
매운맛 떡꼬치

민초
개성 넘치는 친구들을
바로잡는 바른생활 소녀
민트초코 아이스크림

프루
용감한 척, 멋진 척을 잘하지만
뭔가 어설픈 구석이 있는
과일 사탕

마시멜
말하는 것보다
듣는 것을 좋아하는
다정다감 마시멜로

이 책의 구성과 특징

만화로 어휘 만나기
관용어가 필요한 상황을 한 줄 정리와 재밌는 만화로 시작해 봐.

말 속에서 써 보기
대화의 빈칸을 채워 가며 일상생활에서 관용어를 입에 착! 붙여 봐.

100개 어휘 제대로 알기
초등학생이라면 꼭 알아야 할 관용어 100개의 의미와 함께 구체적인 사례와 비슷한말, 반대말까지 머리에 콕! 넣어 봐.

어휘 중요도
초등 교과서와 일상생활에서 자주 쓰는 관용어를 중요도에 따라 ★★★~★으로 표시

글 속에서 써먹기 내용에서 유추하기
다양한 갈래의 글과 퀴즈로 관용어를 확실하게 다져 봐.

어휘 스도쿠로 익히기

기본 규칙

1. 글자가 없는 빈칸에 빠진 글자를 넣는다.
2. 가로줄, 세로줄에 같은 글자가 겹치지 않는다.
3. 혹시 틀리면 쉽게 지울 수 있도록 연필로 푼다.

3×3칸, 5×5칸

깨	가	
가		깨
		가

관용어를 익힐 때 초등학생이 가장 헷갈리는 부분을 어휘 스도쿠로 완성하는 거야. 띄어쓰기는 신경 쓰지 않아도 돼.

4×4칸, 6×6칸

	다	가	
가			귀
	가	귀	
	귀		

글자가 가장 덜 비어 있는 줄부터 공략하면 쉬워.

이때, 같은 색깔 사각형 안에 어휘 낱자가 한 번씩 들어가야 한다는 사실!

차례

레벨 1 3×3칸

① 손발이 맞다 · 10
② 발 벗고 나서다 · 12
③ 불 보듯 뻔하다 · 14
④ 어깨가 무겁다 · 16
⑤ 하늘이 노랗다 · 18
⑥ 머리를 맞대다 · 20
⑦ 무릎을 치다 · 22
⑧ 뿌리를 뽑다 · 24
⑨ 국물도 없다 · 26
⑩ 얼굴이 두껍다 · 28
⑪ 눈앞이 캄캄하다 · 30
⑫ 쥐도 새도 모르게 · 32
⑬ 간발의 차이 · 34
⑭ 귀청이 떨어지다 · 36
⑮ 눈을 붙이다 · 38
⑯ 땅이 꺼지게 · 40

⑰ 어깨가 올라가다 · 42
⑱ 트집을 잡다 · 44
⑲ 허리가 휘다 · 46
⑳ 날개가 돋치다 · 48
㉑ 다리를 놓다 · 50

레벨 2 4×4칸

㉒ 귀가 얇다 · 52
㉓ 깨가 쏟아지다 · 54
㉔ 눈 깜짝할 사이 · 56
㉕ 발이 넓다 · 58
㉖ 손이 맵다 · 60
㉗ 혀를 내두르다 · 62
㉘ 해가 서쪽에서 뜨다 · 64
㉙ 가슴이 뜨끔하다 · 66
㉚ 귀를 기울이다 · 68

㉛ 머리털이 곤두서다 • 70
㉜ 보는 눈이 있다 • 72
㉝ 뒤통수를 맞다 • 74
㉞ 색안경을 쓰다 • 76
㉟ 속이 타다 • 78
㊱ 손가락 하나 까딱 않다 • 80
㊲ 손이 크다 • 82
㊳ 얼굴에 씌어 있다 • 84
㊴ 허리띠를 졸라매다 • 86
㊵ 간이 크다 • 88
㊶ 밑도 끝도 없다 • 90
㊷ 그림의 떡 • 92
㊸ 꿈인지 생시인지 • 94
㊹ 다리 뻗고 자다 • 96
㊺ 두말하면 잔소리 • 98
㊻ 뜨거운 맛을 보다 • 100
㊼ 물과 기름 • 102
㊽ 발을 끊다 • 104
㊾ 비행기를 태우다 • 106
㊿ 빛을 보다 • 108
(51) 손에 익다 • 110
(52) 이를 갈다 • 112
(53) 가슴에 손을 얹다 • 114
(54) 엉덩이가 근질근질 하다 • 116

레벨 3 5X5칸

(55) 간에 기별도 안 가다 · 118

(56) 눈에 밟히다 · 120

(57) 눈에 넣어도 아프지 않다 · 122

(58) 눈코 뜰 사이 없다 · 124

(59) 등을 돌리다 · 126

(60) 뜸을 들이다 · 128

(61) 목이 빠지게 기다리다 · 130

(62) 밥 먹듯 하다 · 132

(63) 이를 악물다 · 134

(64) 코가 납작해지다 · 136

(65) 한술 더 뜨다 · 138

(66) 골탕 먹이다 · 140

(67) 꼬리에 꼬리를 물다 · 142

(68) 발목을 잡다 · 144

(69) 입에 달고 다니다 · 146

(70) 팔을 걷어붙이다 · 148

(71) 간 떨어지다 · 150

(72) 감투를 쓰다 · 152

(73) 군침이 돌다 · 154

(74) 귀가 가렵다 · 156

(75) 귀에 못이 박히다 · 158

(76) 눈 하나 깜짝 안 하다 · 160

(77) 물 만난 고기 · 162

(78) 변덕이 죽 끓듯 하다 · 164

(79) 입에 침이 마르다 · 166

(80) 입을 모으다 · 168

(81) 콧대가 높다 · 170

(82) 파리 날리다 · 172

레벨 4 6×6칸

- ⑧³ 눈독을 들이다 · 174
- ⑧⁴ 시치미를 떼다 · 176
- ⑧⁵ 코웃음을 치다 · 178
- ⑧⁶ 눈을 의심하다 · 180
- ⑧⁷ 닭똥 같은 눈물 · 182
- ⑧⁸ 뜬구름을 잡다 · 184
- ⑧⁹ 목에 힘을 주다 · 186
- ⑨⁰ 미역국을 먹다 · 188
- ⑨¹ 바가지를 쓰다 · 190
- ⑨² 배꼽이 빠지다 · 192
- ⑨³ 숨 돌릴 사이도 없다 · 194
- ⑨⁴ 오지랖이 넓다 · 196
- ⑨⁵ 파김치가 되다 · 198
- ⑨⁶ 강 건너 불구경 · 200
- ⑨⁷ 머리를 굴리다 · 202
- ⑨⁸ 배가 등에 붙다 · 204
- ⑨⁹ 자취를 감추다 · 206
- ⑩⁰ 찬물을 끼얹다 · 208

정답 · 210

 **여러 사람이 하나의 목표를 향해 척척 나아갈 때**

중요도

①

- **이런 뜻** 함께 일하는데 마음이나 의견, 행동이 서로 맞다.
- **이럴 때** 놀고 싶은 마음이 서로 잘 맞을 때
- **반대말** (관용어) **손발이 따로 놀다**: 함께 일하는 사람끼리 잘 맞지 않다.

   맞다

	손	이
이		손
손		

 줄다리기 경기에서 우리 팀이 이길 수 있을까?

그동안 _____ 도록 연습했으니까 잘 될 거야.

힌트 내용을 읽고 암호가 무엇을 나타내는지 써 보세요.

마코에게

오늘 축구 시합은 정말 짜릿했어. 내가 패스하면 네가 멋지게 슛을 날려서 이길 수 있었지. 우리는 손★●잘 ▲는 것 같아. 앞으로도 같이 축구하자.

★ ___ ● ___ ▲ ___

 **남의 일에 내 일처럼 최선을 다할 때**

| 중요도 | ★★★ |

② 발 벗고 나서다

- **이런 뜻** 어떤 일에 적극적으로 나서다.
- **이럴 때** 다른 사람에겐 어려운 일을 대신 해결해 줄 때
- **비슷한 말** (관용어) **팔을 걷어붙이다**: 어떤 일에 뛰어들어 적극적으로 일할 준비를 갖추다.

   나서다

	벗	발
발		
	발	

프루야, 내가 수학 숙제 도와줄게. 이리로 와 봐.

웬일이야? 네가 _____ 니 해가 서쪽에서 뜨겠네.

힌트) 내용에 어울리는 어휘를 찾아 ○ 하세요.

전국 산불 경보 '심각' 단계로 확대

건조한 날씨에 강풍까지 겹쳐 전국에 산불 경보가 '심각' 단계로 확대됐다. 산불 피해로 집을 잃은 사람들을 위해 자원봉사자들이 발 _____ 나섰다.

(팔 | 세 | 들 | 내 | 리 | 벗 | 고 | 면)

결과가 어떻게 될지 확실히 알 때

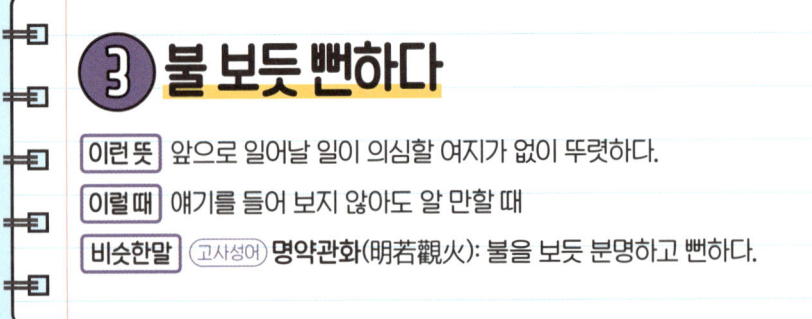

③ 불 보듯 뻔하다

- **이런 뜻** 앞으로 일어날 일이 의심할 여지가 없이 뚜렷하다.
- **이럴 때** 얘기를 들어 보지 않아도 알 만할 때
- **비슷한 말** (고사성어) 명약관화(明若觀火): 불을 보듯 분명하고 뻔하다.

   뻔하다

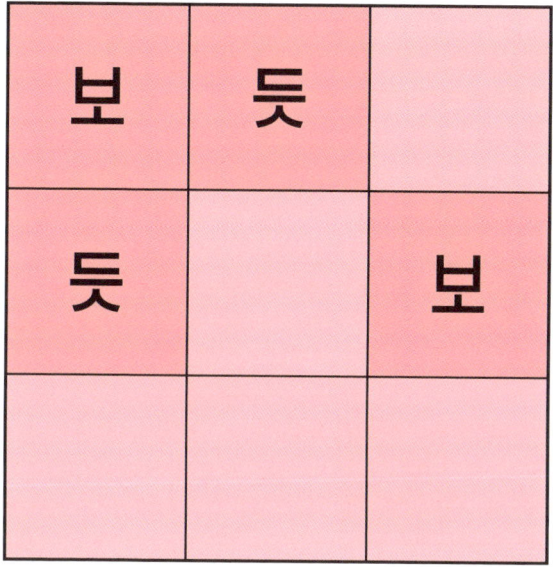

 이번에 포켓 애니멀 카드가 새로 나왔대! 얼른 가야 해.

어차피 늦었어. 지금 가 봤자 다 팔리고 없을 게 _____ 해.

힌트) 오늘 배운 관용어와 연관된 어휘 1개를 찾아 O 하세요.

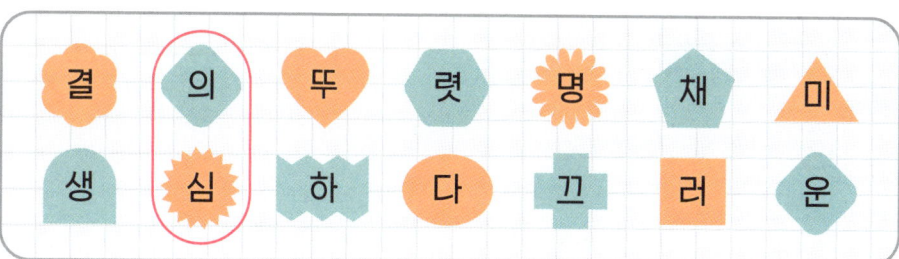

 중요한 일을 맡게 되어 책임감을 느낄 때

④ 어깨가 무겁다

- **이런 뜻** 무거운 책임을 져서 마음에 부담이 크다.
- **이럴 때** 회장에 당선돼서 해야 할 일이 많을 때
- **반대말**  관용어 어깨가 가볍다: 무거운 책임에서 벗어나 마음이 편안하다.

 무겁다

 이제 곧 전교 회장 선거를 한대. 난 네가 나가면 좋을 것 같아.

학급 회장도 _____ 거운데 전교 회장이라니, 마음만 받을게.

 힌트 내용을 읽고 암호가 무엇을 나타내는지 써 보세요.

태권도 대회를 앞두고

학교 대표로 태권도 대회에 나가게 되었다. 열심히 노력한 모든 친구들을 대신해서 ★깨● 무▲지만 최선을 다할 것이다.

★ ____ ● ____ ▲ ____

 **몸이나 마음이 힘들어 기운이 다 빠져 버릴 때**

⑤ 하늘이 노랗다

- **이런 뜻** 지나친 과로, 슬픔 때문에 기운이 빠지거나 어지럽다.
- **이럴 때** 망친 성적표를 받아서 정신이 아찔할 때
- **비슷한말** (관용어) **하늘이 캄캄하다**: 큰 충격을 받아 정신이 아찔하다.

중요도 ★★★

 하늘이

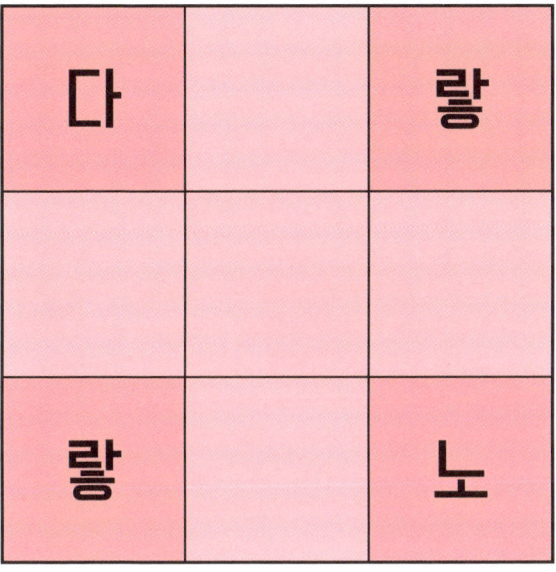

 너 다이어트 한다고 운동장을 열 바퀴나 돌았다며?

안 그래도 걸을 때마다 _____ 게 보여. 무리했나 봐.

(힌트) 내용에 알맞은 어휘를 골라 보세요.

규칙적인 식사를 하자!

체육 시간에 앞 구르기를 몇 번 하고 일어났더니 (하늘 / 땅)이 (노랗게 / 파랗게) 보였다. 귀찮다고 아침, 점심을 굶어서 그랬나? 내일부터 밥을 꼭 챙겨 먹어야겠다.

 여러 사람이 지혜를 모아 의견을 나눌 때

⑥ 머리를 맞대다

- **이런 뜻** 어떤 일을 의논하기 위해 서로 마주하다.
- **이럴 때** 다툰 친구들을 화해시키려고 방법을 찾을 때
- **비슷한말** (관용어) **머리를 모으다**: 중요한 이야기를 하기 위해 서로 모이다.

 머리를 맞 대 다

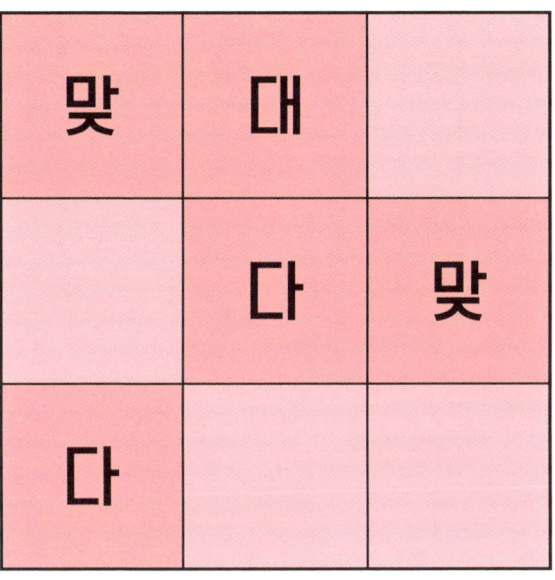

 학예회에서 우리 반이 1등 하려면 뭘 하는 게 좋을까?

글쎄, 다 같이 모여서 _____ 어 생각해 보자.

힌트 내용에 어울리는 어휘를 찾아 ○ 하세요.

기후 변화만큼 위협적인 꿀벌의 경고

꿀벌의 수가 줄어들면서 전 세계적으로 식량 위기가 닥치고 있다. 어떻게 하면 꿀벌의 감소를 막을 수 있을지 _____ 맞대어야 한다.

| 머 | 며 | 쳐 | 연 | 면 | 리 | 기 | 를 |

 좋은 생각이 번뜩 떠오를 때

중요도 ★★★

⑦ 무릎을 치다

- **이런 뜻**: 갑자기 놀라운 사실을 알게 되거나 희미한 기억이 되살아나 감탄하다.
- **이럴 때**: 안 풀리던 수학 문제를 갑자기 해결했을 때
- **반대말**: (관용어) **머리를 싸매다**: 어떤 문제를 해결하려고 애쓰며 고민하다.

   치다

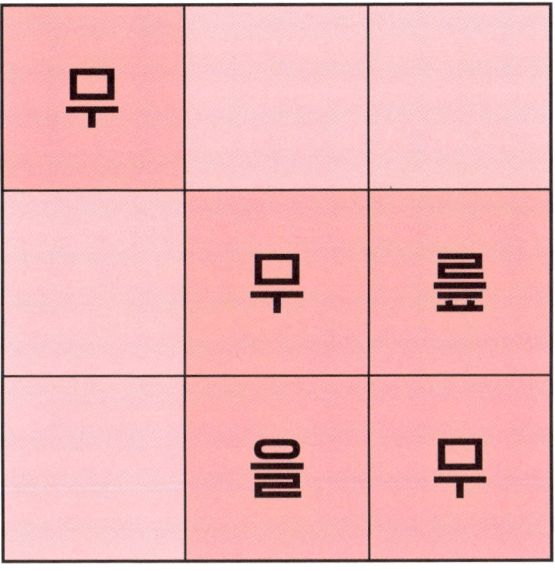

 마코가 이번 달 용돈을 다 썼다고 울더라.

그래서 부모님 심부름으로 용돈을 벌라고 했더니 _____ 던데?

힌트 내용에 알맞은 어휘를 골라 보세요.

담임 선생님께

엊그제 외모와 성격은 상관이 없다는 선생님의 말을 듣고 (무릎 / 팔)을 (긁었 / 쳤)어요. 예쁘면 성격도 좋을 줄 알았는데 민초를 보니 꼭 그렇지만도 않더라고요.

 **나쁜 습관을 아예 없애 버릴 때**

⑧ 뿌리를 뽑다

중요도 ★★★

- **이런 뜻**: 어떤 것이 생겨나고 자랄 수 있는 원인을 없애다.
- **이럴 때**: 매일 늦잠 자는 동생의 버릇을 완전히 고쳐 주고 싶을 때
- **비슷한 말**: (고사성어) **발본색원(拔本塞源)**: 좋지 않은 일의 원인을 완전히 없애서 다시는 같은 일이 생기지 않도록 하다.

 뽑다

뿌	리	
리		뿌
		리

 아이스크림을 한 번에 세 개나 먹었더니 배가 아파.

너 그 식탐 ＿＿＿＿＿＿지 않으면 계속 배탈 날 거야.

힌트 오늘 배운 관용어와 연관된 어휘 1개를 찾아 ○ 하세요.

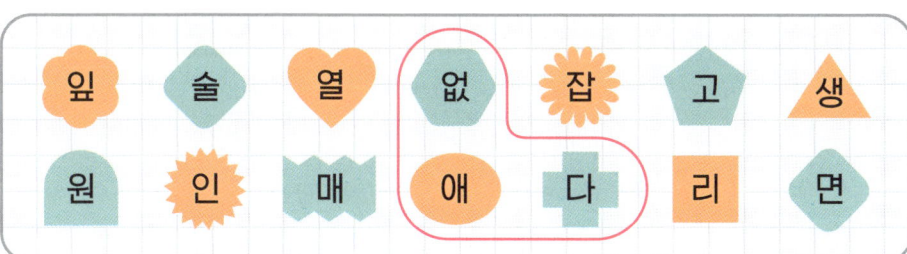

 **상대방에게 인정사정없이 굴 때**

9 국물도 없다

- **이런 뜻** 돌아오는 몫이나 이득이 아무것도 없다.
- **이럴 때** 친구가 규칙을 어겨서 절대 봐주지 않으려고 할 때
- **비슷한 말** (관용어) 어림 반 푼어치도 없다: 몹시 이치에 맞지 않거나 터무니없다.

 없다

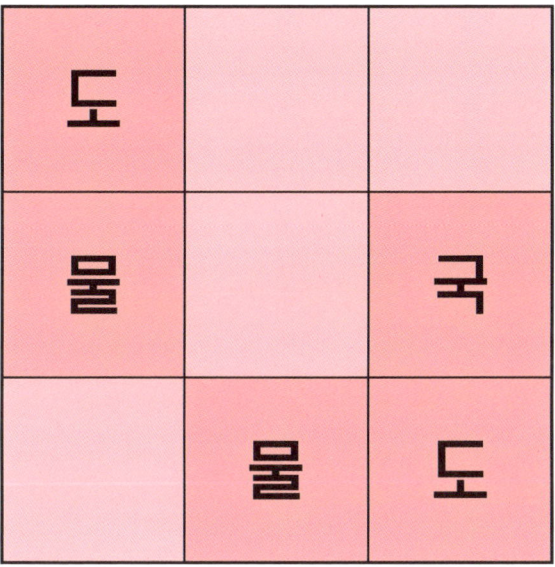

 우리 다음 주 주말에 놀이공원 가자!

난 못 가. 엄마가 방학 숙제 계속 미뤄서 _____ 댔어.

힌트 내용에 알맞은 어휘를 골라 보세요.

민초에게

아까 내가 〈엉덩이 박사〉 2권 빌려 달라니까 앞으로 (국물 / 건더기)도 (많다 / 없다)고 했지? 비록 내가 예전에 1권을 빌려 잃어버렸지만, 네가 그렇게 말해서 서운했어.

 **아무렇지도 않게 뻔뻔하게 행동할 때**

중요도 ★★★

10 얼굴이 두껍다

[이런 뜻] 부끄러움을 모르고 염치가 없다.

[이럴 때] 놀이기구에서 줄 설 때마다 새치기하는 친구를 볼 때

[비슷한말] (관용어) **철판을 깔다**: 체면을 차리지 않고 뻔뻔스럽게 굴다.

 얼굴이 두 껍 다

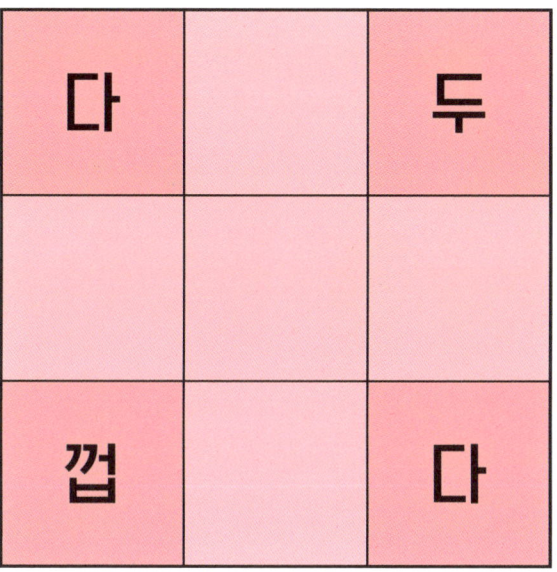

 아깝다! 이길 수 있었는데…. 나 딱 한 게임만 더 할게.

너 너무 _____ 꺼운 거 아니야? 벌써 세 번째잖아.

힌트 오늘 배운 관용어와 연관된 어휘 1개를 찾아 ○ 하세요.

해결하기 어려운 일 때문에 당황했을 때

중요도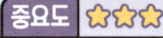

11 눈앞이 캄캄하다

이런 뜻 어찌할 바를 몰라 아득하다.

이럴 때 숙제를 안 했는데 선생님이 검사하신다고 할 때

반대말 관용어 **눈앞이 환해지다**: 앞으로의 상황이나 앞길이 뚜렷해지다.

   캄캄하다

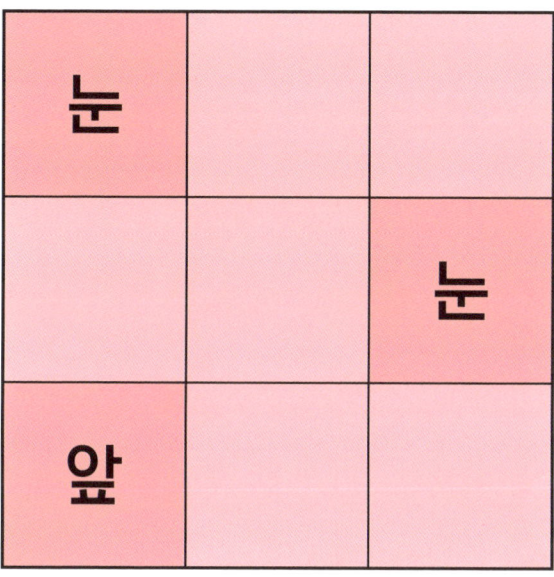

 곧 학예회 발표인데 발레복에 주스를 쏟아 _____ 해!

놀랐겠다. 일단 얼른 비누로 지워 보자!

힌트) 오늘 배운 관용어와 연관된 어휘 1개를 찾아 O 하세요.

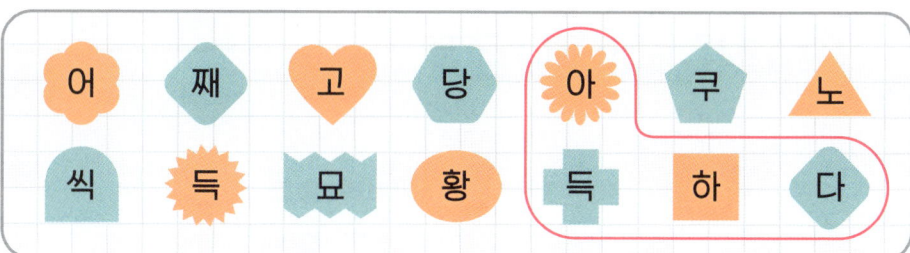

 **비밀스럽게 행동해서 아무도 눈치채지 못했을 때**

"내가 너희랑 같이 하려고 공깃돌을 가져왔어. 근데 이상하다?"

"왜 그래?"

"이런! 방금 전까지만 해도 있었는데….."

"잘 찾아봐. 어딘가에 있겠지."

"어쩜 이렇게 쥐도 새도 모르게 사라질 수가 있지?"

"집에 놓고 온 거 아니야?"

"근데 양말이 볼록 튀어나왔는데?"

"엥?"

"아뿔싸! 여기에 두고 깜빡했네."

중요도

쥐도 새도 모르게

이런 뜻	감쪽같이 행동해서 아무도 모르게
이럴 때	방금 전까지 보이던 지우개가 갑자기 사라졌을 때
비슷한말	(우리말) 슬그머니: 남이 알아차리지 못하게 슬며시

 쥐도 새도 모 르 게

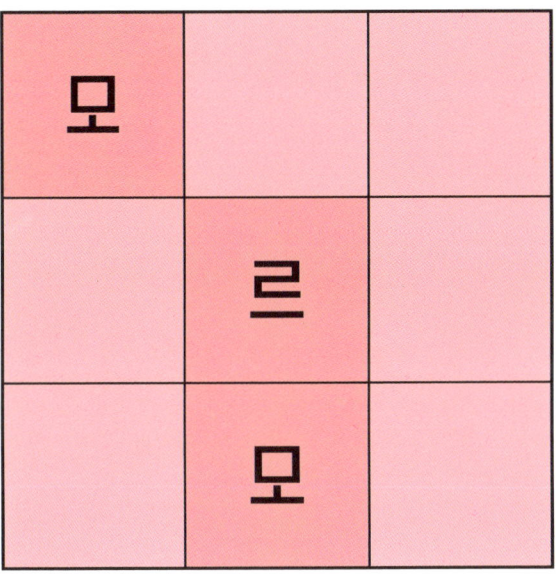

 냉장고에 넣어 둔 내 치킨이 어디 갔지?

아까 프루가 냉장고를 열어 보더니 _____ 꿀꺽했나 보네.

힌트) 내용을 읽고 암호가 무엇을 나타내는지 써 보세요.

앗, 나의 실수!

책상 위에 있던 모자가 ★도 ●도 ▲르게 사라졌다. 마코가 몰래 가져간 줄 알고 한참 의심했는데 알고 보니 책상 밑에 있었다. 마코에게 미안해서 몇 번이나 사과했다.

★ ____   ● ____   ▲ ____

아주 작은 차이로 아슬아슬하게 결론이 날 때

마코야, 뭐 해?

그렇다면 질 수 없지. 마코 파이팅!

헉 헉

옆 반 깔깔이가 우리를 무시하잖아. 달리기 시합에서 코를 납작하게 해 주겠어.

운동회 날

결승선이 코 앞인데 더 이상 못 뛰겠어!

어머, 어떡해?

바득

간발의 차이로 지다니 분하다! 깔깔이 녀석, 가을 운동회 때 두고 보자.

바득

다음엔 늦게까지 연습한다고 하면 무조건 말리자.

물론이지.

중요도

⓭ 간발의 차이

- **이런 뜻** 서로 엇비슷할 정도의 아주 작은 차이
- **이럴 때** 달리기 시합에서 친구보다 아주 조금 늦게 들어왔을 때
- **비슷한말** (관용어) **종이 한 장 차이**: 수량이나 정도의 차이가 매우 적다.

  차이

	간	
	의	발
의		간

 빨리 뛰어! 기차가 곧 떠난대.

휴, 하마터면 _____ 로 놓칠 뻔했네.

힌트 내용에 어울리는 어휘를 찾아 O 하세요.

드디어 맛본 승리의 기쁨

운동회 때 달리기와 축구 모두 깔깔이네 반에게 졌다. 그런데 오늘 반전이 일어났다! 야구 시합에서 간발의 _____ 로 이긴 것이다. 정말 신났다.

| 자 | 저 | 타 | 차 | 미 | 이 | 리 | 기 |

 **깜짝 놀랄 정도로 소리가 상당히 클 때**

14 귀청*이 떨어지다

[이런 뜻] 소리가 몹시 크다.
[이럴 때] 갑자기 크게 소리 질러서 깜짝 놀랄 때
[비슷한말] (관용어) 귀청이 찢어지다: 소리가 엄청 크다.

*귀청: 귓구멍을 통해 들어온 소리를 전달하는 고막

  떨어지다

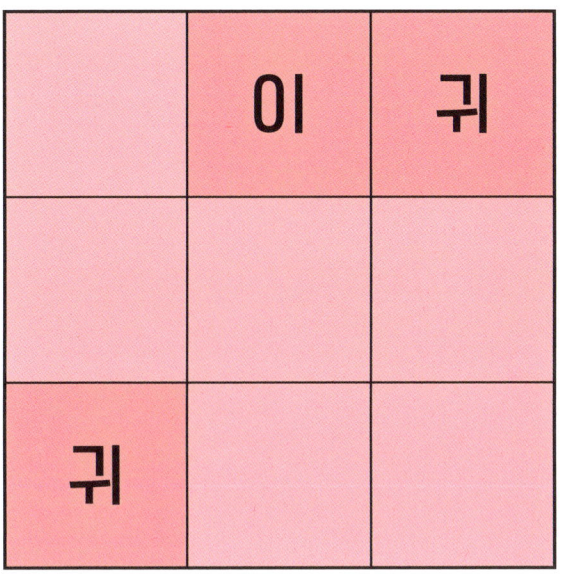

 쓰레기를 아무 데나 버리면 지구가 어떻게 되겠습니까!

_____질 뻔했잖아! 웅변 대회도 좋지만 좀 조용히 연습해.

   힌트 내용을 읽고 암호가 무엇을 나타내는지 써 보세요.

자꾸만 생각나는 뻥튀기

엄마랑 시장에 갔다가 갑자기 뻥! 소리에 깜짝 놀랐다. ★청● ▲어지는 줄 알았다. 하지만 시끄러운 기계에서 나온 뻥튀기 과자는 정말 맛있었다. 또 먹고 싶다.

★ ____   ● ____   ▲ ____

 어떤 일을 하다가 잠시 눈을 감고 쉬거나 잘 때

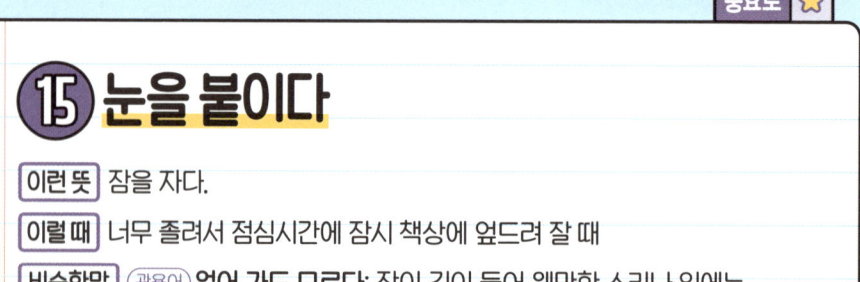

15 눈을 붙이다

이런 뜻 잠을 자다.

이럴 때 너무 졸려서 점심시간에 잠시 책상에 엎드려 잘 때

비슷한말 (관용어) 업어 가도 모르다: 잠이 깊이 들어 웬만한 소리나 일에는 깨어나지 않다.

 눈을 붙 이 다

		이
이	다	
	이	다

 내 숙제 어떡해! 잠깐 _____ 인다는 게 아침이 됐어.

걱정하지 마. 오늘 토요일이야.

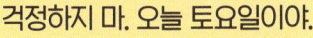 내용에 알맞은 어휘를 골라 보세요.

마시멜에게

어제 잠을 못 자서 피곤했는데 쉬는 시간에 (손 / 눈)을 (떼 / 붙이)니까 한결 나아졌어. 그러고 보니 네가 외투를 덮어 줬더라. 고마워, 친구야.

 **땅이 무너질 것처럼 한숨을 세게 쉴 때**

16 땅이 꺼지게

- **이런 뜻** 한숨을 몹시 깊고 크게 쉬다.
- **이럴 때** 걱정이 많아서 숨을 크게 쉴 때
- **비슷한말** (관용어) 걱정이 태산이다: 해야 할 일이 너무 많거나 복잡해서 걱정이 크다.

중요도 ★

 땅이 꺼 지 게

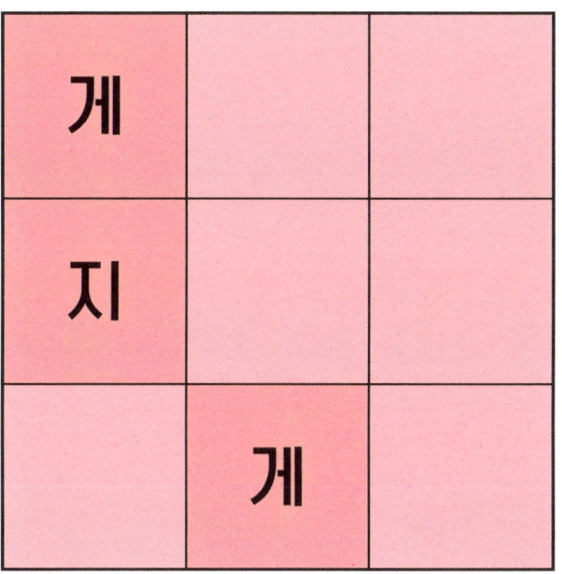

말 속에서 써 보기

 영어 듣기 시험에서 빵점을 받았어. 이걸 어떻게 엄마한테 보여 주지?

_____ 한숨 쉬어 봤자 달라지는 건 없어. 나랑 같이 공부하자.

내용에서 유추하기

힌트 오늘 배운 관용어와 연관된 어휘 1개를 찾아 O 하세요.

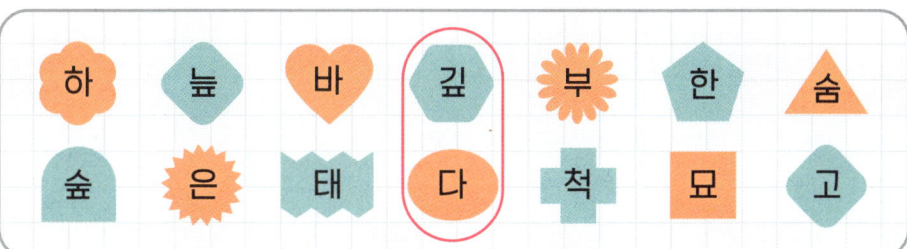

 내가 한 일에 대해 칭찬을 듣고 기분이 좋아질 때

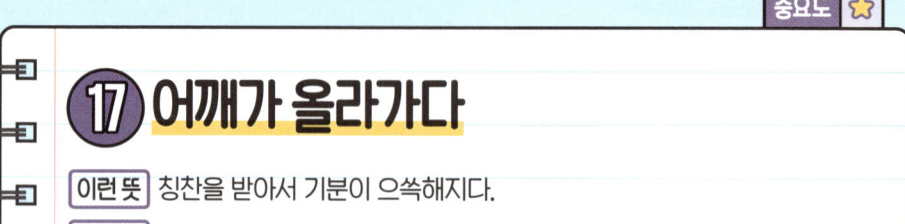

⑰ 어깨가 올라가다

[이런 뜻] 칭찬을 받아서 기분이 으쓱해지다.

[이럴 때] 시험에서 100점을 받았을 때

[반대말] (관용어) 어깨가 처지다: 일이 잘 안 풀려서 풀이 죽다.

 어 깨 가 올라가다

		가
가	어	
깨		

 내 자리까지 청소해 주다니, 넌 정말 천사야!

그렇게 칭찬해 주니까 _____ 는걸?

힌트) 내용에 어울리는 어휘를 찾아 ○ 하세요.

어제는 흐림, 오늘은 맑음

어제 수업 시간에 구구단을 제대로 못 외워서 친구들 앞에서 창피했다. 하지만 오늘은 발표를 잘했다고 선생님께 칭찬받아서 어깨가 _____ 갔다.

| 올 | 무 | 릎 | 라 | 눈 | 썹 | 이 | 가 |

 **괜히 작은 일에도 꼬투리를 잡아 지적할 때**

⑱ 트집을 잡다

- **이런 뜻** 조그만 흠집을 들추어내거나 없는 흠집을 만들다.
- **이럴 때** 내가 게임에서 이기자 친구가 억지로 규칙을 문제 삼을 때
- **비슷한말** (관용어) **말꼬리를 잡다**: 남의 말 가운데서 잘못 표현된 부분의 약점을 들추어내다.

  잡다

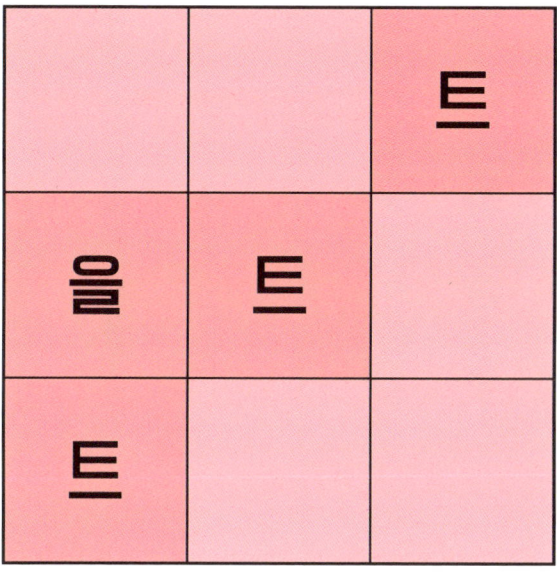

 너 어제 민초랑 싸웠어?

말끝마다 _____ 길래 나도 한마디 했을 뿐이야.

 내용을 읽고 암호가 무엇을 나타내는지 써 보세요.

일부러 그런 게 아니야!

체육 시간에 실수로 공을 잘못 던졌는데, 프루가 ★집● ▲았다. 일부러 그런 것도 아닌데 억울했다. 다음에 또 그러면 제대로 따져야겠다.

★ ___   ● ___   ▲ ___

 **부담스러울 정도로 넘치는 일을 해서 힘들 때**

회장 일이 이렇게 많을 줄 몰랐어.

내 도움이 필요하면 얘기해.

진짜? 우선 내 공약들을 지켜야 해. 복도 쓰레기 줍기, 식물 가꾸기, 숙제 도움 모임, 보드게임 대회 준비….

그걸 여태까지 혼자 다 하고 있었다고?

헉!

응 그래서 허리가 휠 지경이야.

슬금 슬금

도와준다더니 어디로 새는 거야?

뜨끔!

가, 갑자기 뭘 깜빡해서….

중요도 ⭐

19 허리가 휘다

이런 뜻 감당하기 어려운 일을 하느라 힘에 부치다.

이럴 때 하루에 해야 할 숙제가 너무 많아서 버거울 때

반대말 (관용어) 허리를 펴다: 어려운 고비를 넘기고 편하게 지내다.

  휘다

리	가	
가		
	리	가

 너희 나눠 주려고 내가 직접 독서 노트를 만들었어.

이 많은 걸 혼자 했다니, _____ 었겠다.

힌트) 내용에 어울리는 어휘를 찾아 ○ 하세요.

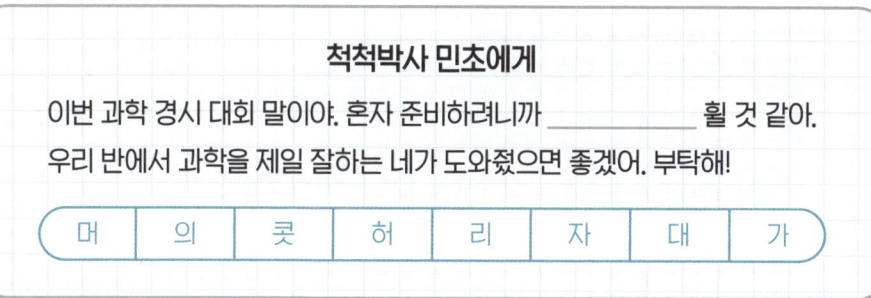

 물건이 인기가 많아서 잘 팔릴 때

20 날개가 돋치다

- **이런 뜻** 물건이 빠른 속도로 팔려 나가다.
- **이럴 때** 문구점에 새로 들어온 장난감이 며칠 만에 다 팔릴 때
- **비슷한말** (우리말) **불티나다**: 물건을 내놓기가 무섭게 빨리 팔리다.

 날개가 치

치		돋
돋	치	
		치

학교 벼룩시장에 레이팝 포토 카드를 가져올 거야.

그럼 _____ 친 듯 팔릴걸? 좋은 생각이야!

 내용에 알맞은 어휘를 골라 보세요.

프루에게

요즘 캐릭터 빵의 인기가 많아서 (날개 / 뺨)가 (돋친 / 때린) 듯 팔린대.
지난번에 보니 너도 샀던데, 혹시 어디서 샀는지 나에게도 알려 줄래?

사람을 소개해 주거나 새로운 일을 연결시켜 줄 때

혹시 축구 잘하는 친구 있어?

그건 갑자기 왜?

옆 반하고 내일 축구 시합하기로 했는데 우리 팀 선수 한 명이 다리를 다쳤거든.

아, 그래? 한 명 떠올랐어. 내가 다리를 놓을게.

다음 날

너한테 소개해 준다는 친구가 바로 나야!

지끈 지끈

이번 시합은 지겠군.

중요도 ⭐

21 다리를 놓다

이런 뜻 일이 잘되게 하기 위해 둘 이상을 연결하다.

이럴 때 내 친구에게 축구 잘하는 다른 친구를 한 명 소개시켜 줄 때

비슷한말 (관용어) **줄을 대다**: 자기에게 이익이 될 만한 사람과 관계를 맺다.

   놓다

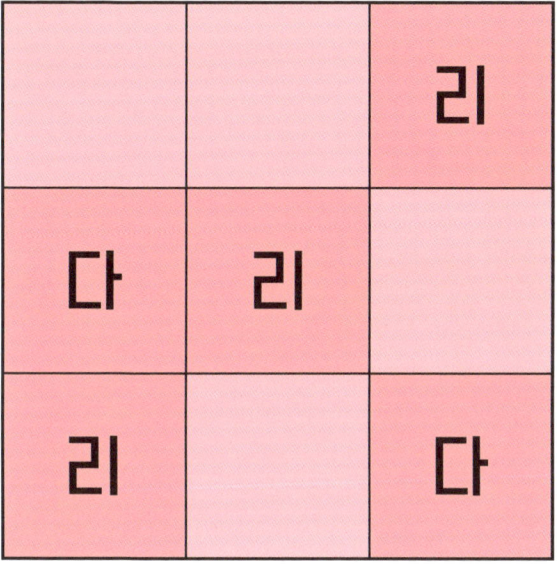

 쟤 알아? 친구들한테 양보도 잘하고 착해서 친해지고 싶어.

내가 메롱이랑 유치원 때부터 친구인데 _____ 아 줄까?

힌트) 내용을 읽고 암호가 무엇을 나타내는지 써 보세요.

민초에게

집에 돌아오는데 한 외국인이 길을 물었어. 순간 머릿속이 하얘져서 제대로 답을 못했지. 좋은 영어 선생님을 알고 있다면 ★리●▲아 줘.

★ _____ ● _____ ▲ _____

 **다른 사람이 말하는 대로 그대로 따라 할 때**

22 귀가 얇다

- **이런 뜻** 남의 말을 쉽게 받아들이다.
- **이럴 때** 친구가 예쁘다고 해서 고민도 안 하고 바로 살 때
- **반대말** (한자어) **벽창호**(碧昌호): 고집이 세고 말이 도무지 통하지 않는 사람

	다	가	
가			귀
	가	귀	
	귀		

 요즘 스티커로 책상 꾸미기가 유행이라는데 나도 한번 해 볼까?

어제는 다이어리를 꾸미겠다더니, 너도 참 _____.

(힌트) 내용에 알맞은 어휘를 골라 보세요.

내가 왜 그랬을까?

마시멜이 잘 어울린다고 해서 비싼 모자를 덜컥 사 버렸다. 한 달 치 용돈을 다 쓴 바람에 지갑에는 먼지만 남았다. 다 내 (귀 / 머리)가 (두꺼운 / 얇은) 탓이었다.

 **사랑하는 사람끼리 사이가 좋을 때**

중요도 ★★★

깨가 쏟아지다

- **이런 뜻** 오붓하고 아기자기하여 매우 재미있다.
- **이럴 때** 서로 좋아하는 친구 둘이 알콩달콩 사이가 좋아 보일 때
- **비슷한 말**  꿀이 떨어지다: 바라보는 눈빛이 다정하고 사랑스럽다.

 깨가

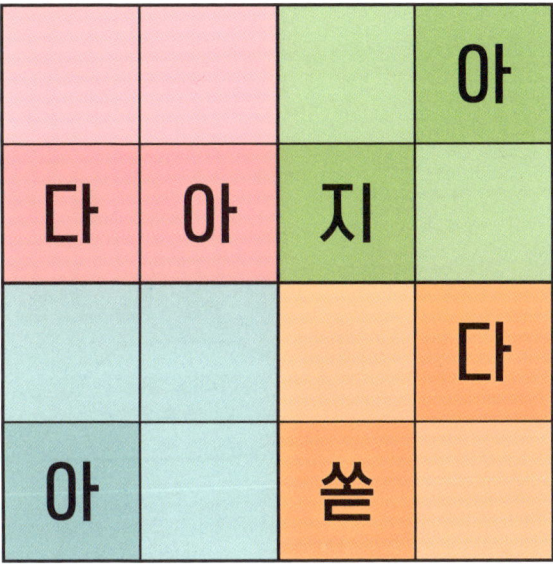

 옆집 신혼부부 말이야. 더운 날씨에도 손을 꼭 잡고 다니더라고.

_____는 예쁜 커플이군.

힌트 내용을 읽고 암호가 무엇을 나타내는지 써 보세요.

부러운 마코에게

요즘 너 여자 친구랑 있을 때 정말 행복해 보이더라! ★가 ●아▲다 못해 참기름 냄새까지 나던걸? 나에게도 여자 친구 사귀는 비결 좀 알려 줄래?

★ _____   ● _____   ▲ _____

 시간이 순식간에 지나갔을 때

24 눈 깜짝할 사이

중요도 ★★★

- **이런 뜻** 매우 짧은 순간
- **이럴 때** 놀이공원에서 재미있게 놀다가 집에 갈 시간이 되었을 때
- **반대말** (속담) **하루가 여삼추**: 하루가 삼 년처럼 짧은 시간이 엄청 길게 느껴지다.

  사이

깜			눈
	눈		짝
짝			
		짝	할

 세상에! 학교 앞 편의점에 도둑이 들었대.

나도 들었어. _____ 에 도망갔다는데 잡을 수 있을까?

힌트) 내용에 어울리는 어휘를 찾아 ○ 하세요.

동물원에 간 날

동물원으로 체험 학습을 갔다. 간식 주기 체험을 했는데 내가 사과를 내밀자, 앵무새가 눈 깜짝할 _____ 에 먹어 치웠다. 참 귀여웠다.

| 코 | 기 | 사 | 깜 | 푼 | 이 | 할 | 침 |

 여러 분야의 사람들과 알고 지낼 때

 중요도 ★★★

25 발이 넓다

- **이런 뜻**: 아는 사람이 많아 활동하는 범위가 넓다.
- **이럴 때**: 잘 지내는 동네 사람들이 여럿일 때
- **반대말** (관용어) **발이 좁다**: 만나는 사람이 적고 아는 사람이 별로 없다.

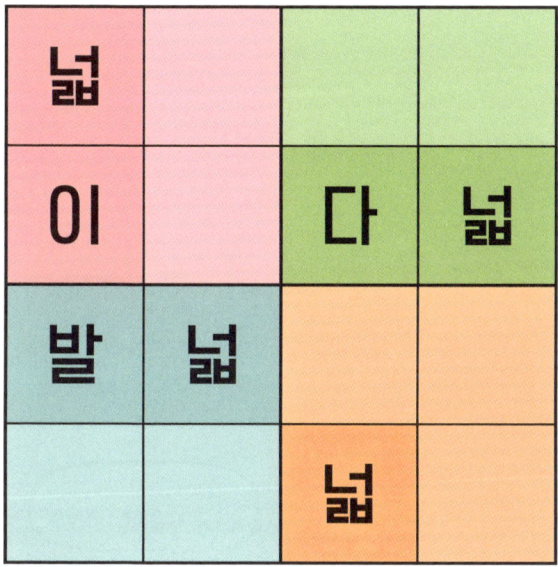

 어떡해! 가위를 깜빡했어. 미술 시간에 필요하댔는데….

_____ 은 마코한테 물어보면 옆 반 친구에게 빌릴 수 있을 거야.

(힌트) 내용에 알맞은 어휘를 골라 보세요.

우리 아빠는 인기쟁이

아빠랑 마트에 갔다. 물건을 사러 돌아다닐 때마다 초등학교 동창, 조기 축구 회원 등 아빠가 아는 사람을 계속 만났다. (손 / 발)이 (큰 / 넓은) 우리 아빠가 자랑스러웠다.

 **힘이 세서 맞은 사람이 아플 때**

26 손이 맵다

[이런 뜻] 손으로 슬쩍 때려도 몹시 아프다.
[이럴 때] 손으로 맞았는데 생각보다 너무 아플 때
[비슷한 말] (관용어) 손때가 맵다.

다		이	맵
이			
		맵	
	이		다

 오랜만에 보니 반가워서 그만…. 나도 모르게 때리면서 인사했네.

너 정말 _____. 빨개지면 책임져!

힌트 내용에 알맞은 어휘를 골라 보세요.

웃긴 건 못 참아!

너튜브를 보다가 너무 웃겨서 무심코 옆에 있던 마코 어깨를 때렸다. 그랬더니 마코가 내 (발 / 손)이 (맵다 / 달다)고 했다. 다음부터는 조금 살살 때려야겠다.

 **뜻밖의 상황을 만나 깜짝 놀랄 때**

(만화 장면)
- 민초는 정말 대단해.
- 줄넘기 3단 뛰기를 엄청 쉽게 한다니까!
- 어쩌다 한두 번 한 거겠지.
- 나도 봤는데 3단 뛰기를 열 번도 넘게 했어. 너도 직접 보면 혀를 내두를걸?
- 민초가 잘하든 말든 난 신경 안 써.
- 마코네 집
- 3단 뛰기를 열 번 했다고? 난 스무 번 도전!

중요도

 ㉗ 혀를 내두르다

- **이런 뜻** 몹시 놀라거나 어이없어서 말을 못 하다.
- **이럴 때** 친구가 기대 이상으로 줄넘기를 너무 잘할 때
- **비슷한말** (관용어) **놀란 토끼 눈을 하다**: 뜻밖이거나 놀라 눈을 크게 뜨다.

 혀를 [내][두][르][다]

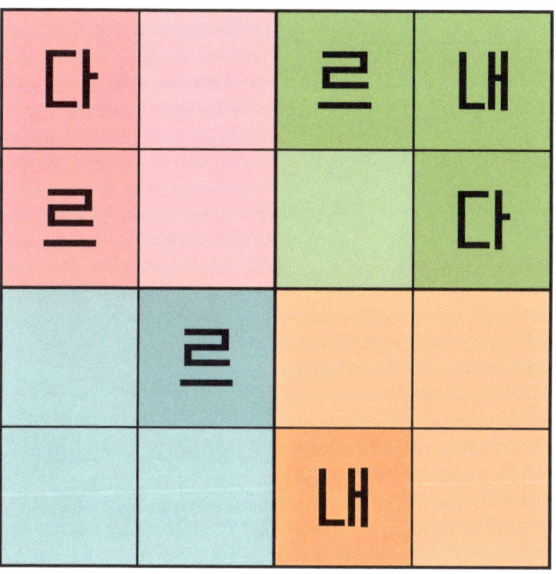

 방학 숙제가 왜 이렇게 많아? 다 하기도 전에 방학이 끝나겠어.

나도 아까 보고 ＿＿＿＿＿＿ 둘렀다니까!

힌트) 내용에 어울리는 어휘를 찾아 ○ 하세요.

마시멜에게

네가 만든 케이크가 어찌나 맛있던지 자꾸 생각나. 누구라도 네 케이크를 한번 맛보면 빵집에서 파는 것 같다고 ＿＿＿＿＿ 내두를걸?

| 열 | 걷 | 겨 | 어 | 혀 | 글 | 을 | 를 |

 **절대 믿기 어려운 일이 생겼을 때**

28 해가 서쪽에서 뜨다

- **이런 뜻** 전혀 예상 밖의 일이나 절대로 있을 수 없는 일이 일어나다.
- **이럴 때** 먹는 걸 좋아하는 친구가 갑자기 밥을 안 먹는다고 할 때
- **비슷한말** 〔고사성어〕 **전대미문(前代未聞):** 이전에는 들어 본 적 없는 일

 해 가 서 쪽 에서 뜨다

서		가	
쪽			해
가		해	
	서		

 이제부터 아침 일찍 일어나고, 편식도 안 할 거야!

_____ 겠네. 다짐만 하지 말고 꼭 지켜!

힌트 내용을 읽고 암호가 무엇을 나타내는지 써 보세요.

년 대체 누구냐!

아침에 일어났더니 동생이 내 방을 청소하고 있었다. 그뿐인가? 강아지 밥도 챙겨 줬다. ★가 서●에서 ▲려나? 갑자기 안 하던 일을 하는 동생이 무섭다.

★ ● ▲

 **잘못을 저질러서 마음이 불편할 때**

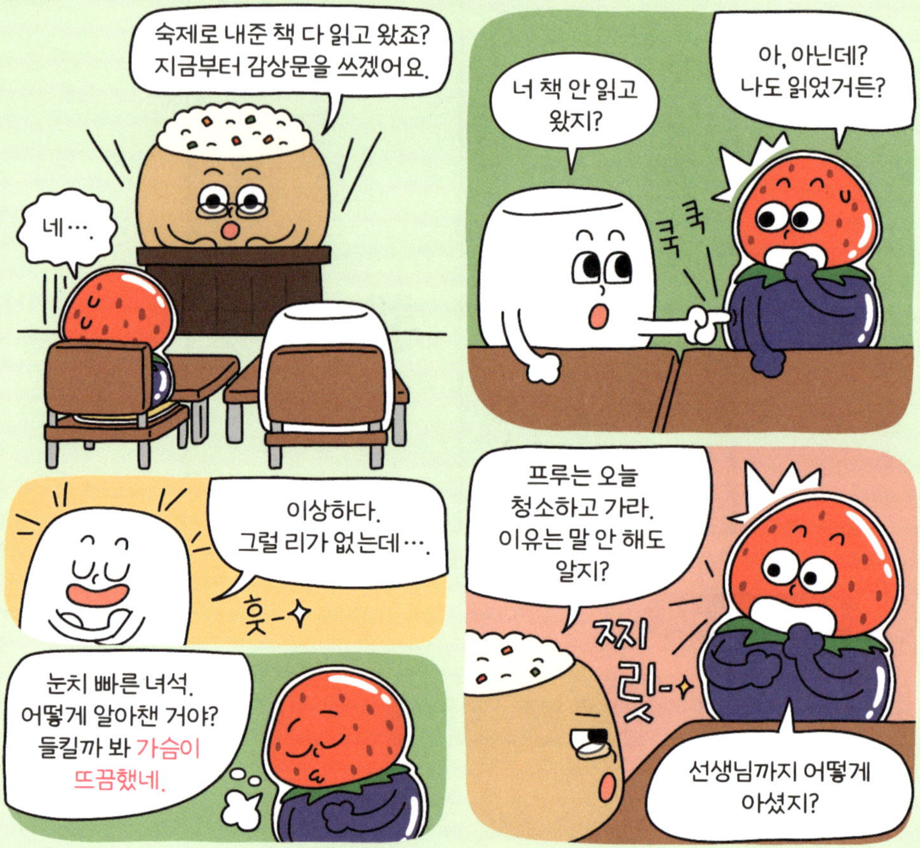

숙제로 내준 책 다 읽고 왔죠? 지금부터 감상문을 쓰겠어요.

네….

너 책 안 읽고 왔지?

아, 아닌데? 나도 읽었거든?

쿡쿡

이상하다. 그럴 리가 없는데….

훗-✧

눈치 빠른 녀석. 어떻게 알아챈 거야? 들킬까 봐 **가슴이 뜨끔했네.**

프루는 오늘 청소하고 가라. 이유는 말 안 해도 알지?

찌릿-✧

선생님까지 어떻게 아셨지?

중요도

㉙ 가슴이 뜨끔하다

이런 뜻 어떤 일로 깜짝 놀라거나 양심의 가책을 받다.

이럴 때 숙제 안 한 걸 들켰을 때

비슷한말 (관용어) **가슴에 찔리다**: 양심의 가책을 심하게 느끼다.

 가슴이 다

 바닥에 쓰레기를 버린 건 난데, 마시멜이 꾸중을 들었어.

너 대신 혼나서 _____ 했겠네.

(힌트) 내용을 읽고 암호가 무엇을 나타내는지 써 보세요.

민초에게

오늘 영어 단어 시험지를 걷다가 컵을 건드려서 네 수첩이 젖었어.
누가 그랬냐고 외치는 너의 말에 얼마나 가★이 ●끔▲던지…. 미안해.

★ _____ ● _____ ▲ _____

 다른 사람의 말을 집중해서 들으려고 노력할 때

중요도 ★★

③⓪ 귀를 기울이다

이런 뜻 남의 이야기에 관심을 가지고 주의 깊게 듣다.

이럴 때 친구의 고민을 진지하게 들을 때

비슷한말 (관용어) 귀를 열다: 들을 준비를 하다.

 귀를 기 울 이 다

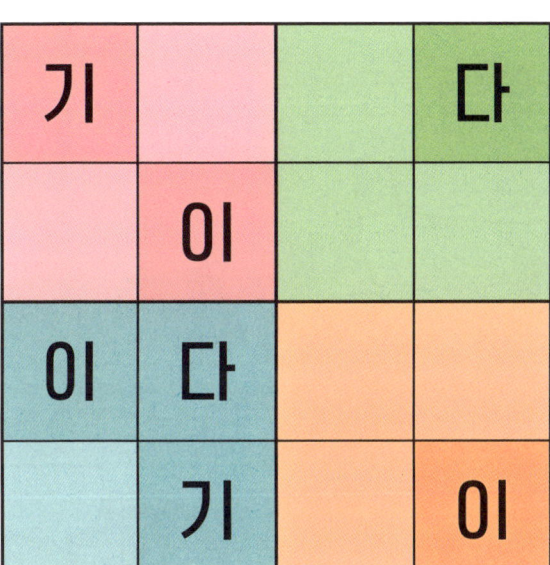

 수학 문제 다 맞히면 초코 과자 받는 거였어? 그것도 모르고 안 받았잖아!

수업 시간에 선생님 말씀에 _____ 였어야지.

힌트 내용에 어울리는 어휘를 찾아 ○ 하세요.

학급 회의에서 주의할 점

학급의 규칙을 정하려면 회의를 해야 한다. 이때, 누구나 자신의 의견을 말할 수 있지만, 다른 친구의 말에도 _____ 기울여야 한다.

| 귀 | 입 | 들 | 를 | 글 | 기 | 울 | 술 |

너무 무섭거나 놀라서 긴장될 때

---

31 머리털이 곤두서다

- **이런 뜻** 무섭거나 놀라서 신경이 날카로워지다.
- **이럴 때** 비 오는 날, 천둥소리가 너무 커서 무서울 때
- **비슷한 말** (관용어) **등골이 오싹하다**: 등골에 소름이 끼칠 정도로 매우 놀라거나 두렵다.

 머리털이 곤 두 서 다

 형 준다고 남겨 놓은 케이크를 몰래 먹고 있는데 엄마가 나타났어!

_____ 섰겠네. 그러게 식탐 좀 그만 부려.

힌트 오늘 배운 관용어와 연관된 어휘 1개를 찾아 O 하세요.

 **상대의 능력이나 됨됨이를 잘 파악할 때**

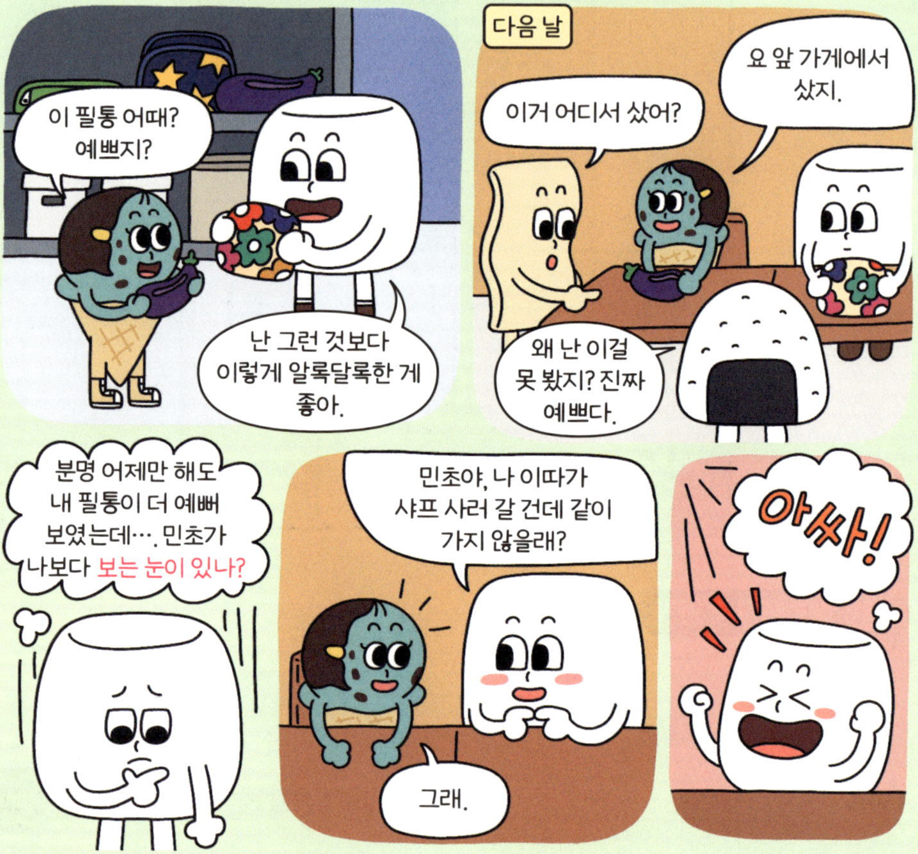

(만화)
- 이 필통 어때? 예쁘지?
- 난 그런 것보다 이렇게 알록달록한 게 좋아.
- 다음 날
- 이거 어디서 샀어?
- 요 앞 가게에서 샀지.
- 왜 난 이걸 못 봤지? 진짜 예쁘다.
- 분명 어제만 해도 내 필통이 더 예뻐 보였는데…. 민초가 나보다 보는 눈이 있나?
- 민초야, 나 이따가 샤프 사러 갈 건데 같이 가지 않을래?
- 그래.
- 아싸!

중요도

 보는 눈이 있다

이런 뜻 사람이나 사물의 가치를 평가하는 능력이 있다.

이럴 때 도서관에서 재미있는 책을 골랐을 때

비슷한 말 (한자어) **안목(眼目)**: 사물을 보고 가려내는 능력

  있다

보		눈	
	이	보	
는	보		눈
	눈		보

새로 전학 온 애 말이야. 조용하지만 손재주가 있는 것 같아.

_____ 군. 옛날부터 뭐든 뚝딱 만드는 걸로 유명했대.

 내용에 알맞은 어휘를 골라 보세요.

난 수학이 좋아!

수학 시간에 앞에 나가 문제를 풀었다. 선생님이 "넌 수학을 참 좋아하는구나." 하고 칭찬해 주셨다. 역시 선생님은 (감은 / 보는) 눈이 (있다 / 없다).

 **믿었던 사람이 뒤돌아설 때**

33 뒤통수를 맞다

이런 뜻 배신을 당하다.

이럴 때 나는 약속을 지켰는데 친구가 약속을 안 지켰을 때

비슷한말 (속담) 믿는 도끼에 발등 찍힌다: 잘될 줄 알았던 일이나 믿었던 사람에게 배신당하다.

  맞다

	통	수	
수			뒤
통			수
	수	뒤	

 내가 음치란 사실을 마코에게 털어놨는데 애들이 다 알게 됐어.

마코한테 _____ 았네. 내가 혼내 줄게.

힌트 내용에 알맞은 어휘를 골라 보세요.

곧이곧대로 믿지 말자!

수련회에서 장기자랑을 했다. 다들 준비를 안 했다면서 노래, 기타 연주, 댄스까지 다양했다. 이렇게 (이마 / 뒤통수)를 (맞다 / 졌다)니 친구들에게 실망이다.

 어떤 대상을 주관적인 생각에 얽매여 좋지 않게 바라볼 때

34 색안경을 쓰다

- **이런 뜻**: 좋지 않은 감정이나 선입견을 가지다.
- **이럴 때**: 친구의 겉모습만 보고 잘못 판단할 때
- **비슷한 말** (관용어) 색안경을 끼고 보다: 주관이나 선입견에 얽매여 부정적으로 보다.

중요도

  쓰다

색		경	
경			색
	경	색	
안			경

 쟤랑 놀지 마. 인상도 험악하고 성격도 안 좋을 것 같아.

네가 _____ 써서 그래. 사실 마음이 따뜻한 친구라고.

힌트 오늘 배운 관용어와 연관된 어휘 1개를 찾아 O 하세요.

 **불안해서 잠시도 가만있지 못할 때**

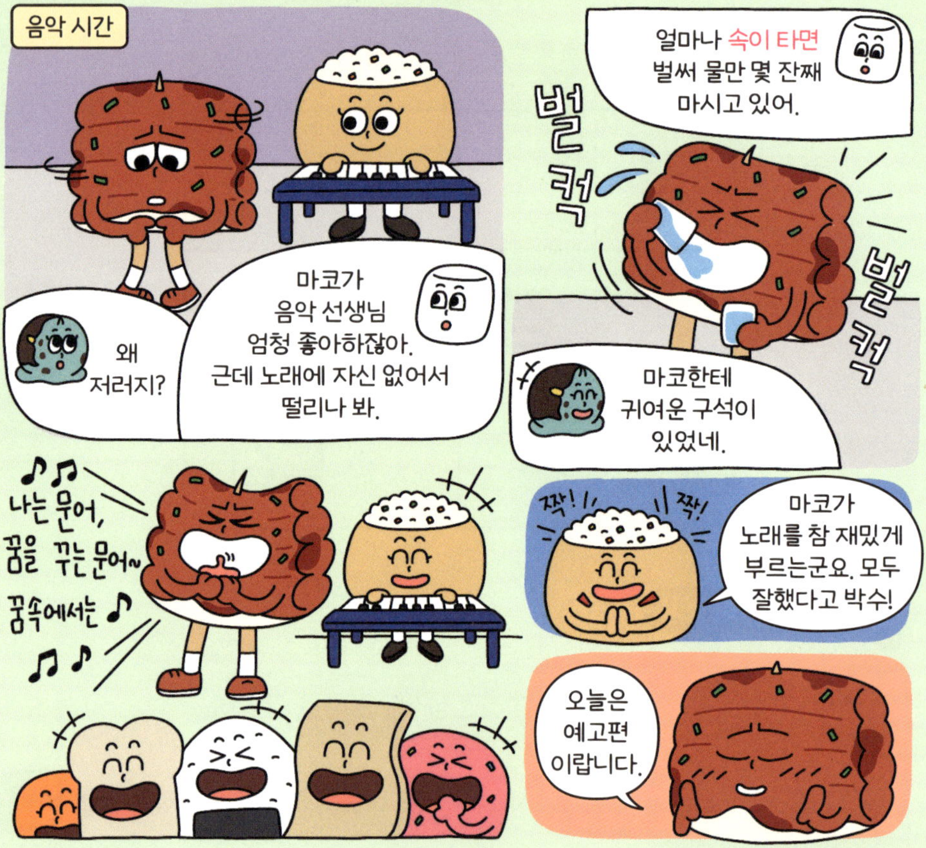

35 속이 타다

[이런 뜻] 걱정이 되어 마음이 조급해지다.
[이럴 때] 시험 결과가 너무 궁금할 때
[비슷한말] (관용어) **애간장을 태우다**: 몹시 초조하고 안타까워서 마음을 애태우다.

 드디어 내가 발표할 차례야. 긴장돼서 어제부터 밥도 잘 못 먹었어.

지켜보는 나도 _____ 네. 하지만 넌 잘 해낼 거야!

(힌트) 내용을 읽고 암호가 무엇을 나타내는지 써 보세요.

역대 최악 가뭄에 농민들, 그저 한숨만···.

계속된 가뭄으로 농민들이 큰 피해를 입고 있다. 올해로 10년차 농부 A씨는 점점 메말라가는 농작물에 ★● 탄▲며 답답함을 호소했다.

★ ● ▲
___ ___ ___

 **전혀 움직이지 않고 빈둥거릴 때**

"프루야, 너도 얼른 와서 청소해!"

"난 다리를 삐끗해서 아무것도 못 하겠어."

"어머, 어쩌다가 다쳤어?"

"지나가는 자전거를 피하다가 넘어졌지 뭐야."

"우리 음료수 마시러 갈래? 내가 사 줄게."

"그거 좋지!"

"아프다고 손가락 하나 까딱 않더니, 다 꾀병이었네!"

36 손가락 하나 까딱 않다

중요도 ★★

이런 뜻 아무 일도 안 하고 뻔뻔하게 놀고만 있다.

이럴 때 친구들은 청소하는데 같이하지 않고 가만히 보고만 있을 때

비슷한말 (속담) 손끝으로 물만 튀긴다.

 손가락 하나 까 딱 않 다

다			
	않		딱
		까	않
않	까		다

 배고파! 라면 끓여 준다더니, 언제 되는 거야?

_____으면서 보채지 좀 마!

힌트 내용에 어울리는 어휘를 찾아 ○ 하세요.

내 친구지만 얄미워!

환경의 날이라 친구들과 동네를 돌아다니며 쓰레기를 주웠다. 그런데 마코가 _____ 하나 까딱 않고 이래라저래라 떠들어 댔다. 너무 얄미웠다.

| 손 | 까 | 가 | 딱 | 락 | 세 | 알 | 우 |

 **돈이나 물건을 아끼지 않고, 넉넉하게 쓸 때**

37 손이 크다

중요도 ★★

- **이런 뜻**: 씀씀이가 후하고 크다.
- **이럴 때**: 아빠가 우리 가족이 며칠 내내 먹어도 남을 만큼 푸짐하게 과일을 살 때
- **반대말**: (관용어) **손이 작다**: 돈이나 물건의 씀씀이가 깐깐하고 작다.

다		손	
크		이	
손			이
	크	다	

 너랑 먹으려고 떡볶이, 순대, 김밥, 튀김을 사 왔어.

이걸 전부? 넌 정말 _____구나.

(힌트) 오늘 배운 관용어와 연관된 어휘 1개를 찾아 ○ 하세요.

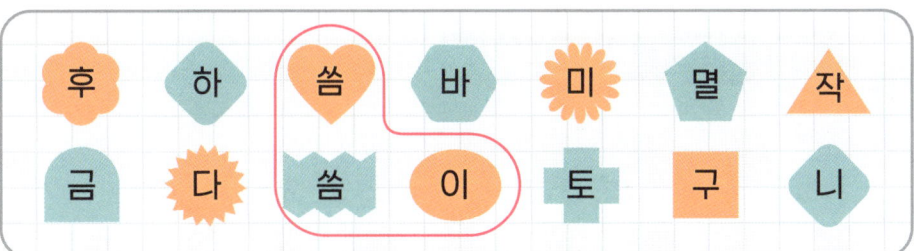

 **속마음이 얼굴에 그대로 드러날 때**

"내가 직접 만든 빙수야!"

"기대되는걸?"

"맛있지? 입에서 살살 녹지?"

"이게 무슨 맛이람?"

"왜? 맛이 없어?"

"서운"

"헉"

"아니 아니!"

"아니야. 그냥 좀 독특해서 그래."

"거짓말! 얼굴에 씌어 있네."

"미안해."

 얼굴에 씌어 있다

이런 뜻 감정이나 기분이 얼굴에 나타나다.

이럴 때 친구가 좋아하는 간식을 보자, 먹고 싶어 하는 게 눈에 보일 때

반대말 (관용어) **가면을 쓰다**: 진심을 감추고 겉으로는 그렇지 않은 것처럼 꾸미다.

 얼굴에

어	있	씨	
	다		
	어		씨
있		다	

돈가스 반찬을 양보하다니 고마워! 내가 좋아하는 거 어떻게 알았어?

그걸 어떻게 몰라? 네 _____ 거든?

(힌트) 내용에 알맞은 어휘를 골라 보세요.

정말 날 좋아하나?

내 짝이 아무래도 나를 좋아하는 것 같다. 나를 볼 때마다 자꾸 웃는다. 막대 과자 데이 때는 초콜릿도 줬다. 누가 봐도 하트가 (얼굴 / 손바닥)에 (씌어 / 그려져) 있다.

 **씀씀이를 줄여서 절약할 때**

39 허리띠를 졸라매다

- **이런 뜻**: 돈이나 물건을 낭비하지 않고 절약하는 생활을 하다.
- **이럴 때**: 사고 싶은 물건을 사기 위해 용돈을 아낄 때
- **반대말**: (관용어) 허리띠를 늦추다: 생활에 여유가 생기다.

 허리띠를 졸 라 매 다

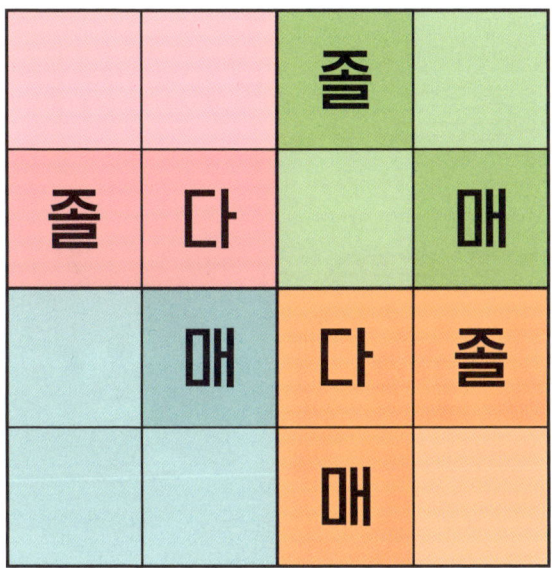

 네가 좋아하는 캐릭터 딱지 오늘만 특별히 할인한대. 빨리 사러 가자.

용돈을 다 써 버려서 이번 달은 _____ 야 해.

힌트 내용에 어울리는 어휘를 찾아 ○ 하세요.

오늘의 사연 : 동생 선물 때문에….

동생 생일에 멋진 선물을 해 주고 싶습니다. 그런데 제가 학생이라 아무리 _____ 졸라매도 쉽지가 않습니다. 제발 게임기에 당첨되면 좋겠습니다.

| 두 | 허 | 감 | 리 | 려 | 띠 | 아 | 를 |

 **위험한 상황에서도 망설임 없이 도전할 때**

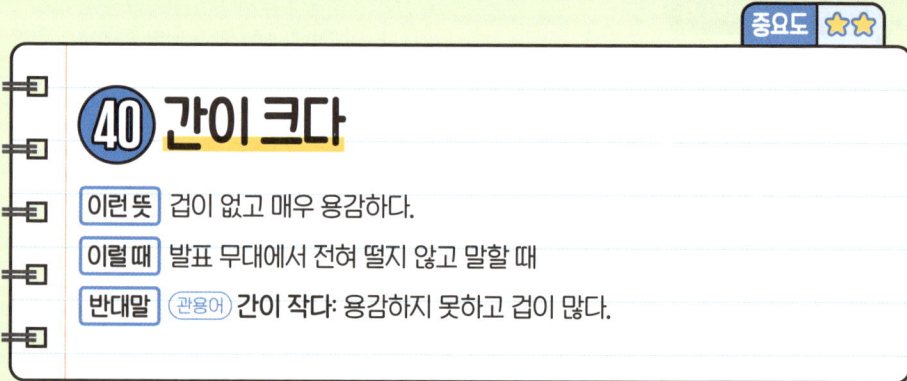

④ 간이 크다

이런 뜻 겁이 없고 매우 용감하다.

이럴 때 발표 무대에서 전혀 떨지 않고 말할 때

반대말 (관용어) 간이 작다: 용감하지 못하고 겁이 많다.

	다		간
간			다
	크	간	이
	간		

 나 어제 엄마 몰래 컴퓨터 게임 두 시간이나 했어!

그러다 들키면 어쩌려고? 너도 참 _____.

힌트 내용을 읽고 암호가 무엇을 나타내는지 써 보세요.

용기를 낸 순간

책상 밑에 엄청나게 큰 바퀴벌레가 나타났다. 너무 징그러웠지만 무서워하는 민초를 위해 내가 나섰다. 민초는 나에게 ★이 ●▲고 말했다. 왠지 기분이 좋았다!

★ _____ ● _____ ▲ _____

 느닷없이 엉뚱한 말을 꺼내 당황스러울 때

41 밑도 끝도 없다

이런 뜻 앞뒤의 연관 관계가 없는 말을 불쑥 꺼내어 갈피를 잡을 수 없다.

이럴 때 친구가 갑자기 이유도 없이 화를 내서 당혹스러울 때

비슷한 말 (속담) **자다가 봉창 두드린다**: 뜻밖의 말이나 행동을 불쑥 하다.

 밑도 끝 도 없 다

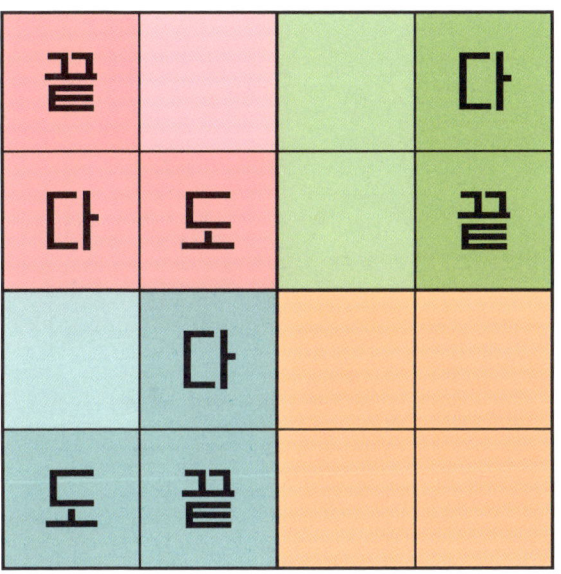

 프루한테 오늘 배운 내용을 복습하자고 했더니, 갑자기 배가 아프대.

난 왜 프루가 _____ 이 그랬는지 알 것 같아.

힌트 내용을 읽고 암호가 무엇을 나타내는지 써 보세요.

마코의 깜짝 한마디

점심시간에 마코가 갑자기 화난 얼굴로 나를 쳐다봤다. ★도 ●도 ▲이 "넌 항상 왜 그래?"라고 말해서 당황스러웠다. 알고 보니 오해였고, 금방 사과했다.

★ _____ ● _____ ▲ _____

 **마음에 드는 물건을 갖지 못할 때**

42 그림의 떡

- **이런 뜻** 아무리 마음에 들어도 이용하거나 가질 수 없는 경우
- **이럴 때** 돈이 부족해서 갖고 싶은 팔찌를 사지 못할 때
- **비슷한 말** (고사성어) **화중지병**(畫中之餠): 그림 속 떡처럼 바라만 볼 뿐 쓸모가 없다.

	떡		의
의		떡	그
떡	의		
	그	의	

저 옷 사고 싶다. 엄청 비싸겠지?

우리 같은 초등학생에겐 _____ 이지.

힌트 내용에 알맞은 어휘를 골라 보세요.

용돈 기입장을 쓰자!

용돈으로 원하는 것을 모두 사면 정작 필요한 물건은 (그림 / 사진)의 (빵 / 떡)이 되고 만다. 그래서 합리적인 소비를 위해 용돈 기입장을 써야 한다.

 뜻밖에 원하던 일이 이루어져 도무지 믿기지 않을 때

43 꿈인지 생시인지

이런 뜻 생각지도 못하게 간절히 바라던 일이 이루어져 꿈처럼 여겨지다.

이럴 때 기대도 안 했는데 상을 받을 때

비슷한말 (관용어) **어안이 벙벙하다**: 뜻밖에 놀랍거나 이상한 일을 당해 어리둥절하다.

 **스도쿠로 익히기** 꿈인지 생 시 인 지

		지	시
시	지		생
생	인		지
		생	

 **말 속에서 써 보기**

 네 생일 선물로 봉봉소년단 콘서트 티켓을 준비했어.

이게 _____ 믿기지가 않아. 내 볼 좀 꼬집어 봐!

 **글 속에서 써먹기**

힌트 내용에 어울리는 어휘를 찾아 ○ 하세요.

1년 만에 찾은 반려견

B씨는 1년 전 잃어버린 반려견 쫑이와 동물 보호 센터에서 극적으로 재회했다. 그는 "이게 _____ 생시인지 모르겠다."며 감격의 눈물을 흘렸다.

| 게 | 꿈 | 시 | 전 | 쟁 | 인 | 임 | 지 |

 걱정이 사라지고 마음이 편안해질 때

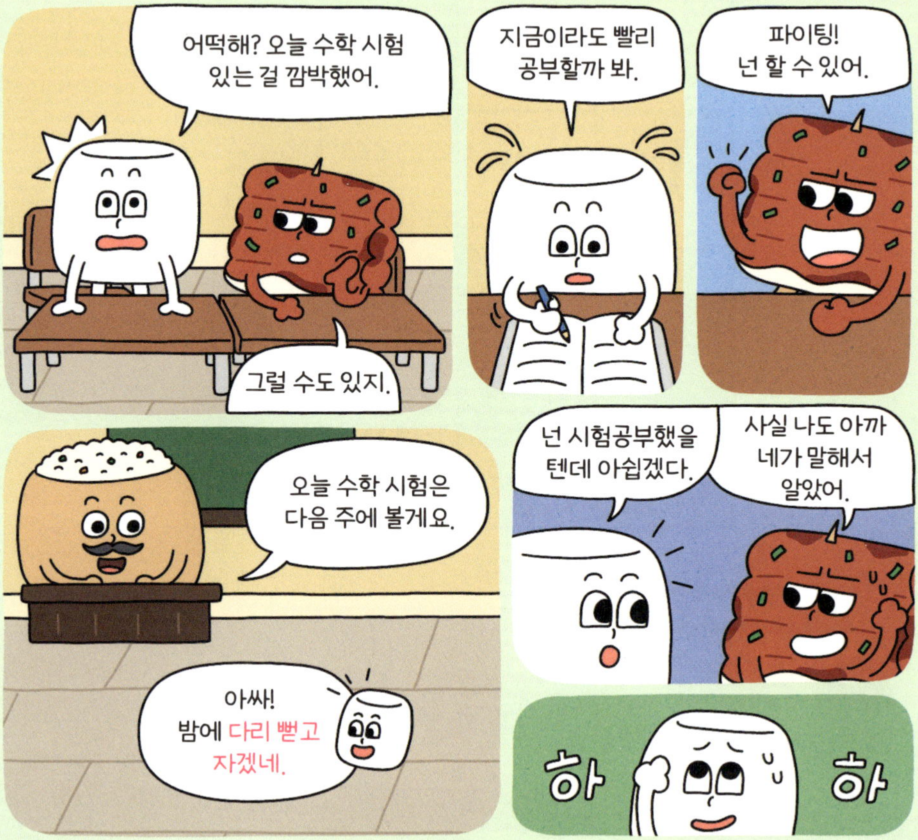

 ⭐

44 다리 뻗고 자다

이런 뜻 마음 놓고 편히 자다.

이럴 때 공부를 안 해서 불안했는데 다행히 시험이 미루어졌을 때

비슷한말 (관용어) 발을 펴고 자다.

 다리 뻗 고 자 다

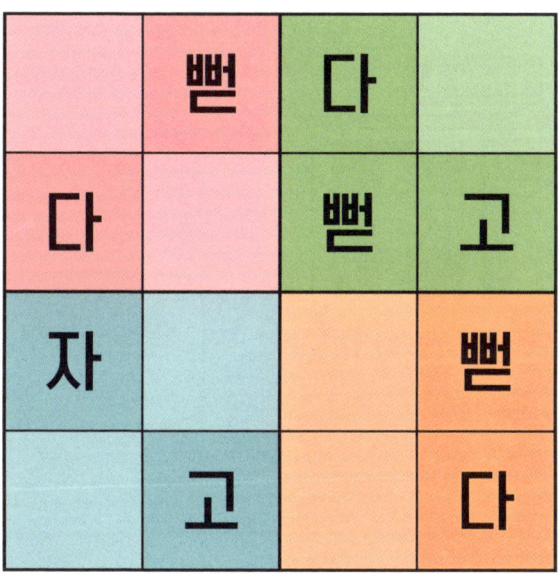

 수학 숙제랑 일기까지 모두 끝냈어!

그래, 오늘 할 일을 마쳤으니 _____ 겠다!

힌트 내용을 읽고 암호가 무엇을 나타내는지 써 보세요.

고마워, 민초야!

학교에서 지갑을 잃어버렸다. 순간 가슴이 철렁했는데 다행히 민초가 찾아주었다. 민초 덕분에 ★● 뻗▲ 잘 수 있었다.

★ ● ▲
___ ___ ___

 아주 확실해서 굳이 더 말하지 않아도 될 때

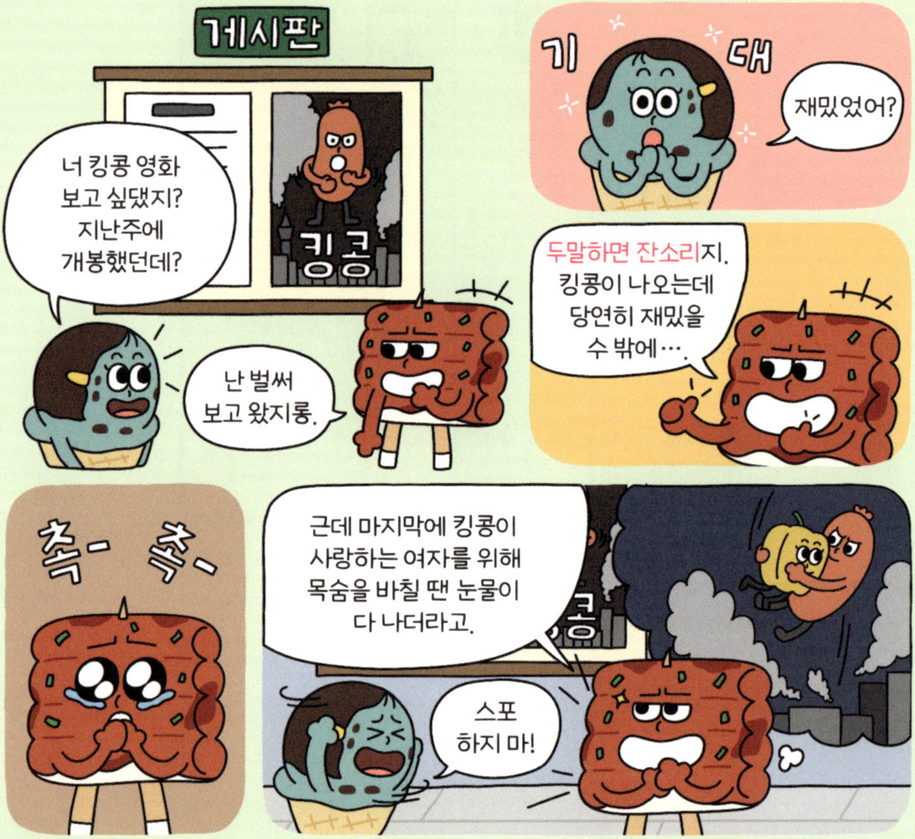

45 두말하면 잔소리

- **이런 뜻**: 이미 말한 내용이 틀림없어서 더 이상 말할 필요가 없다.
- **이럴 때**: 누가 봐도 확실하다 싶을 때
- **비슷한 말** (관용어) **말할 것도 없다**: 너무 당연해서 일부러 말할 필요도 없다.

중요도

  잔소리

	하		
말	두		하
하		말	두
두		하	

 너 정말 잘 먹는다. 그렇게 맛있어?

내가 피자를 얼마나 좋아하는데! _____ 지.

힌트 내용에 어울리는 어휘를 찾아 O 하세요.

우리 함께 걸어요!

이번 주 토요일, 만 보 걷기 행사에 여러분을 초대합니다. 부지런히 걷기만 해도 건강에 도움이 됩니다. 두말하면 _____ 지만 걷기가 최고의 운동입니다.

| 잔 | 세 | 수 | 소 | 하 | 가 | 지 | 리 |

 몹시 혼나거나 괴로운 상황을 겪을 때

46 뜨거운 맛을 보다

이런 뜻 심한 고통이나 어려움을 겪다.
이럴 때 게임하느라 숙제 안 한 것을 부모님한테 들켜서 엄청 혼날 때
비슷한말 (관용어) 된서리를 맞다: 큰 피해를 입다.

  을 보다

운	거		맛
맛		거	
	운		거
	맛		뜨

 말 속에서 써 보기

프루가 꿀이 먹고 싶다며 진짜 벌집을 건드리고 있어!

어휴! _____ 봐야 정신 차리지.

 **글 속에서 써먹기**

(힌트) 내용에 알맞은 어휘를 골라 보세요.

이제부터 일찍 일어날 거야!

지각했는데 하필 무서운 선생님이 정문에 계셨다. 벌칙으로 운동장 다섯 바퀴를 돌았더니 땀이 비 오듯 쏟아졌다. 아침부터 (차가운 / 뜨거운) (탕 / 맛)을 제대로 봤다.

 **서로 생각이나 입장이 달라 매번 엇갈릴 때**

"아침에 동생이랑 싸웠어. 앞으로 절대 말 안 할 거야."

"왜 싸웠는데?"

"내가 청소해 놓으면 동생이 자꾸 어지럽히는 거야. 근데 엄마는 나한테만 뭐라고 해. 동생은 그걸 보고 사과도 안 했어!"

"너희는 **물과 기름** 같은 사이구나."

"엄마가 오늘 피자 먹자고 동생한테 연락하래."

"어?"

"여보세요? 엄마가 오늘 외식한대."

"어쩌니? 너 오늘 피자도 못 먹겠다."

꽈당!

 중요도 ⭐

47 물과 기름

- **이런 뜻**: 서로 어울리지 못하고 겉도는 사이
- **이럴 때**: 같은 모둠 친구끼리 자꾸만 충돌하고 의견이 맞지 않을 때
- **반대말** [고사성어] **천생연분**(天生緣分): 하늘이 맺어 준 듯 잘 어울리는 사이

 물 과 기 름

물		과	
과		물	기
름			물
	물	름	

 난 형이랑 맞는 게 하나도 없어. 좋아하는 계절, 음식, 음악까지 다 달라.

너희 둘은 _____ 같은 사이구나.

힌트 내용에 알맞은 어휘를 골라 보세요.

민초에게

나는 뛰어노는 게 좋은데, 넌 책만 읽자고 해. 쉬는 시간마다 너와 이야기하고 싶은데, 넌 공부해야 한다고 말하지. 아무래도 우린 (물 / 불)과 (기름 / 소금) 같은 사이인가 봐.

 자주 가던 곳을 더 이상 가지 않을 때

요즘 왜 그렇게 바쁜 거야?

방과 후에 댄스를 배우고 있어.

언제는 도서관이 최고라며?

거기는 발을 끊었어. 난 이제 일편단심 댄스뿐이야.

며칠 뒤

춤출 때 앞치마도 입어?

나 미술반에 들어갔어. 어제부터 화가가 되기로 결심했거든.

중요도

 **발을 끊다**

이런 뜻 오가지 않거나 관계를 끊다.

이럴 때 맨날 가던 도서관을 더 이상 가지 않을 때

비슷한 말 (관용어) **발길이 멀어지다:** 서로 찾아오거나 찾아가는 것이 뜸해지다.

발	을		
끊		을	발
	끊	발	
을		다	

 요즘은 만화책보다 애니메이션이 훨씬 재밌어.

그래서 만화 카페에 ＿＿＿＿＿＿＿＿ 었구나.

힌트 내용을 읽고 암호가 무엇을 나타내는지 써 보세요.

"비싸고 불친절" 미운털 박힌 유명 카페

최근 한 유명 카페가 음료수 가격을 두 배로 올린 데다, 불친절한 서비스로 입방아에 올랐다. 그로 인해 단골손님마저 ★●▲어 매출이 뚝 떨어졌다.

★ ＿＿ ● ＿＿ ▲ ＿＿

 **상대방의 능력이나 외모 등을 과장해서 칭찬할 때**

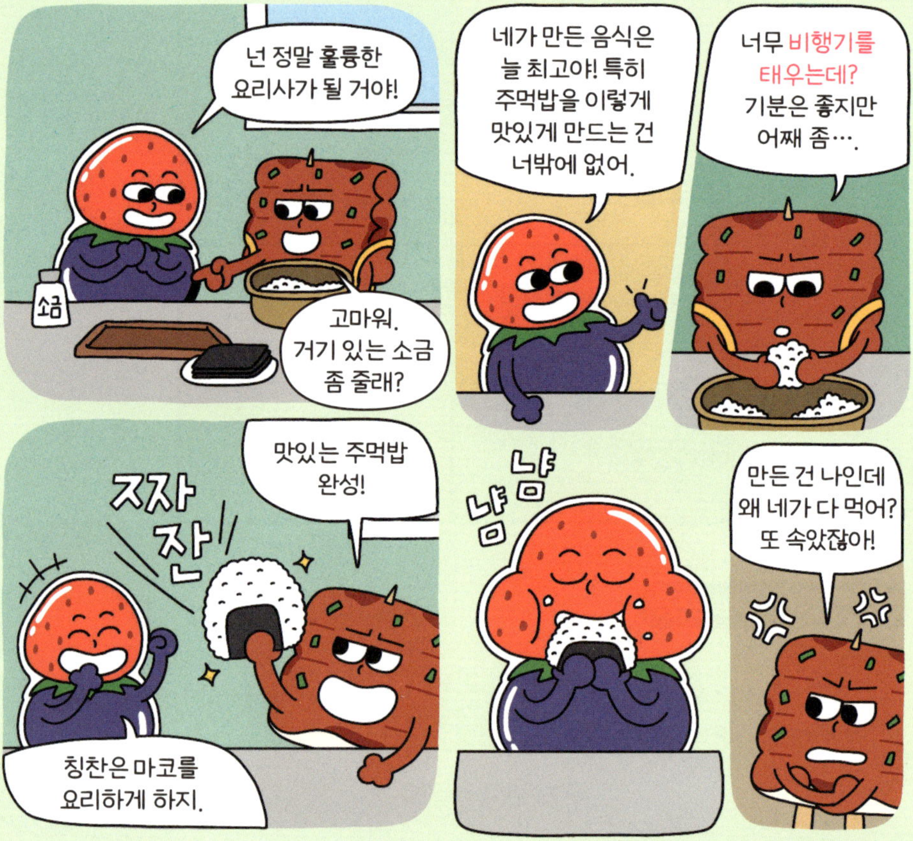

49 비행기를 태우다

- **이런 뜻** 남을 지나치게 칭찬하면서 높이 추켜세우다.
- **이럴 때** 친구가 내 그림이 최고로 멋지다고 계속 칭찬해 줄 때
- **반대말** (우리말) **깎아내리다**: 능력이나 권위 등을 헐뜯어서 떨어지게 하다.

  태우다

기		비	를
를	비	기	
	를	행	
	기		

넌 국어면 국어, 수학이면 수학, 어쩜 모르는 게 없니? 천재 아니야?

갑자기 왜 이렇게 _____ 지? 수상해.

힌트 내용에 어울리는 어휘를 찾아 ○ 하세요.

세상에 공짜는 없다.

거울을 보던 나에게 프루가 너만큼 예쁜 아이는 없다며 _____ 태웠다.
그러다 내가 새로 산 가방을 하루만 빌려달라고 했다. 역시 공짜는 없었다.

| 자 | 비 | 전 | 행 | 기 | 차 | 를 | 거 |

 그동안 노력했던 게 좋은 결과로 드러날 때

50 빛을 보다

이런 뜻 업적이나 보람이 드러나다.

이럴 때 어려운 문제를 며칠 동안 머리를 싸매고 풀어서 결국 선생님께 칭찬받을 때

비슷한말 (관용어) **열매를 맺다**: 노력한 일의 성과가 나타나다.

보	다		빛
	을		다
을		다	
다			을

 내가 쓴 글이 학교 신문에 실렸어!

열심히 쓰더니 네 노력이 _____는구나!

힌트) 오늘 배운 관용어와 연관된 어휘 1개를 찾아 ○ 하세요.

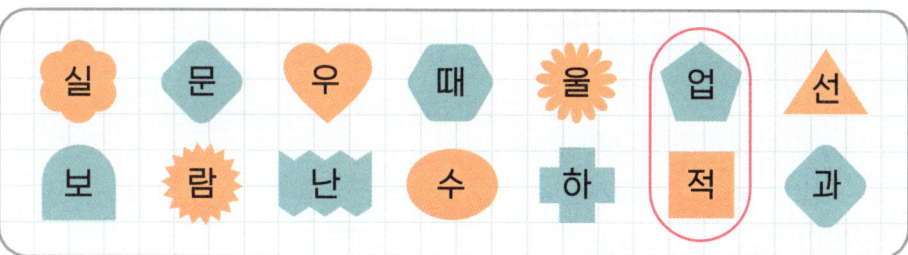

 **어떤 일을 많이 해서 능숙해질 때**

51 손에 익다

이런 뜻 일이 손에 익숙해지다.

이럴 때 처음엔 어려웠지만 피아노 연습을 계속해서 실력이 늘었을 때

비슷한 말 (관용어) **몸에 배다**: 여러 번 겪거나 치러서 익숙해지다.

 너 언제 이렇게 자전거 타는 실력이 느는 거야? 중심도 못 잡았잖아.

자주 타다 보니 _____ 은 것 같아.

힌트 내용에 알맞은 어휘를 골라 보세요.

보람찬 하루

어린이 도서관에서 책 정리를 도왔다. 처음엔 어떻게 하는지 몰랐지만, 점차 (발 / 손)에 (익다 / 잡다) 보니 빨라졌다. 책장에 꽂힌 책들을 보니 뿌듯했다.

 **분노에 차서 굳은 결심을 할 때**

중요도

52 이를 갈다

이런 뜻 몹시 화가 나서 독한 마음을 먹고 벼르다.

이럴 때 이기고 싶은 상대에게 져서 반드시 되갚아 주겠다고 다짐할 때

비슷한 말 [고사성어] **절치부심**(切齒腐心): 몹시 분하여 이를 갈며 속을 썩이다.

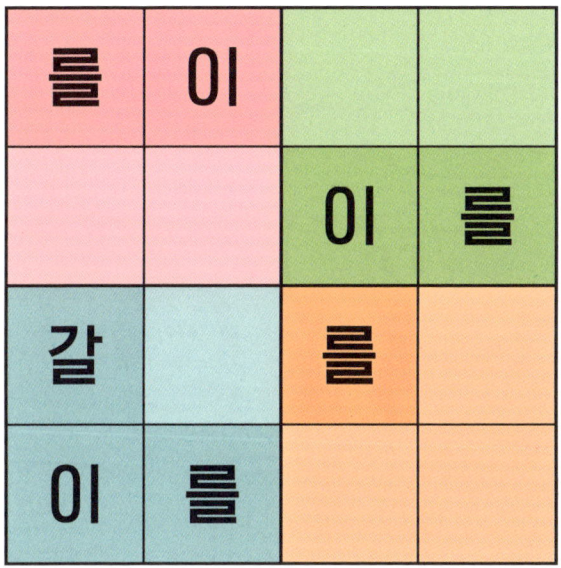

 내 라이벌 깔깔이랑 노래방에 갔는데 내 노래를 듣더니 비웃었어.

_____ 고 연습해서 멋진 모습을 보여 줘!

 내용을 읽고 암호가 무엇을 나타내는지 써 보세요.

백 점을 향해 전진!

국어 단원 평가에서 95점을 받았다. 한 문제 차이로 백 점을 놓쳐서 너무 아쉬웠다. 다음번에는 ★●▲고 더 열심히 공부해서 만회해야지!

★ _____ ● _____ ▲ _____

 **양심에 따라 솔직하게 말해야 할 때**

이게 뭐야! 지난달하고 키가 똑같잖아?

우유랑 멸치 열심히 먹고 있어?

당연하지. 편식도 안 하고 얼마나 열심히 먹었는데….

흠…

가슴에 손을 얹고 생각해 봐.

그러고 보니 멸치볶음은 쓴맛 때문에 잘 안 먹은 것 같아.

그래도 양심은 있네.

중요도 ⭐

가슴에 손을 얹다

이런 뜻 양심에 비추어 행동하다.

이럴 때 친구에게 솔직하게 말하라고 할 때

반대말 〔관용어〕 **시치미를 떼다**: 자기가 하고도 하지 않은 척하거나, 알면서도 모르는 체하다.

 가슴에   얹 다

	얹	을	다
	을	얹	
얹			
	손	다	

 **말 속에서 써 보기**

마시멜이 왜 화났지? 나를 째려보고 지나갔어.

네가 잘못한 것이 없는지 _____고 생각해 봐.

 **글 속에서 써먹기**

(힌트) 내용에 알맞은 어휘를 골라 보세요.

내 노란 띠를 돌려줘!

태권도 승급 심사에서 뚝 떨어졌다. 가슴에 (손 / 발)을 (구부리고 / 얹고) 생각해 보니 태권도 대신 장난을 더 열심히 친 것 같다. 내일부터는 태권도에 더 집중해야겠다.

 **집중력이 떨어져서 자꾸만 움직이고 싶을 때**

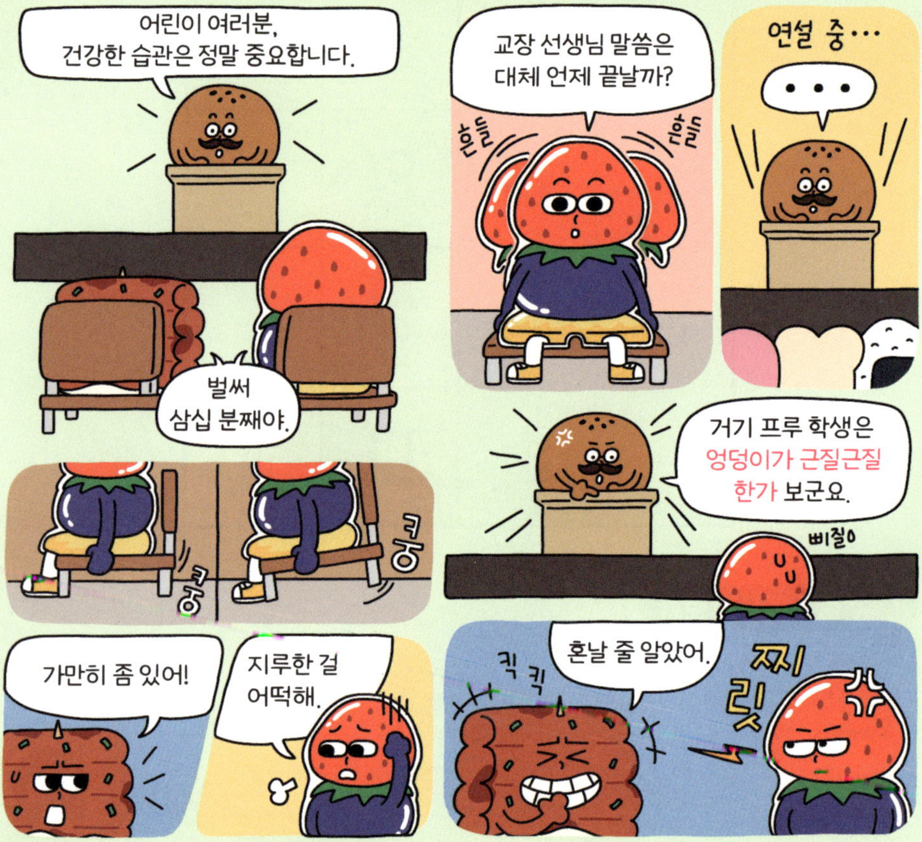

"어린이 여러분, 건강한 습관은 정말 중요합니다."

"교장 선생님 말씀은 대체 언제 끝날까?"

"연설 중···"

"벌써 삼십 분째야."

"거기 프루 학생은 엉덩이가 근질근질 한가 보군요."

"가만히 좀 있어!"

"지루한 걸 어떡해."

"혼날 줄 알았어."

중요도

54 엉덩이가 근질근질하다

이런 뜻 한군데 가만히 앉아 있지 못하고 자꾸 일어나고 싶어 하다.

이럴 때 쉬는 시간에 친구들과 놀 생각인데 수업이 안 끝났을 때

비슷한말 (관용어) **좀이 쑤시다**: 마음이 들뜨거나 초조하여 가만히 있지 못하다.

  엉덩이가 근질근질하다

엉	이		덩
덩			이
이		덩	
	덩	이	

 우리 이제 나가서 놀자. 이 정도면 오래 공부한 것 같아.

겨우 20분 됐는데? _____ 해도 참아!

 힌트 오늘 배운 관용어와 연관된 어휘 1개를 찾아 ○ 하세요.

 먹은 음식이 너무 적어서 성에 차지 않을 때

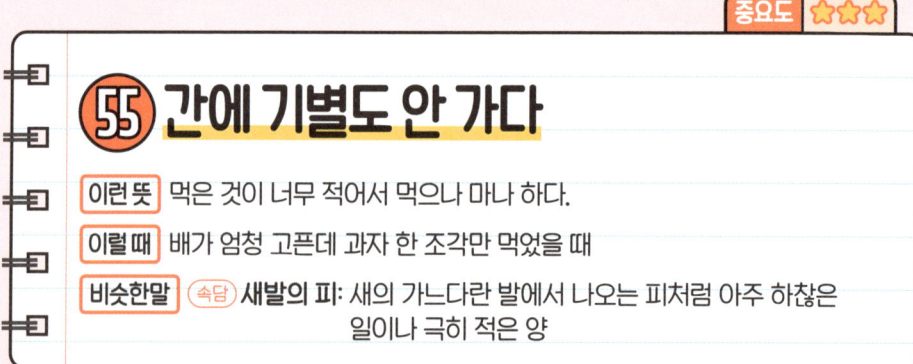

중요도 ★★★

55 간에 기별도 안 가다

이런 뜻 먹은 것이 너무 적어서 먹으나 마나 하다.

이럴 때 배가 엄청 고픈데 과자 한 조각만 먹었을 때

비슷한말 속담 **새발의 피**: 새의 가느다란 발에서 나오는 피처럼 아주 하찮은 일이나 극히 적은 양

  안 가다

	도		간	기
도	간	기		별
		간		도
에			도	
	별			

 오늘부터 다이어트하기로 했으니까 딱 이만큼만 먹어야지.

참새 모이도 아니고 이게 뭐야? _____ 겠다!

힌트 내용에 알맞은 어휘를 골라 보세요.

마시멜에게

오늘 네가 직접 만든 쿠키 말이야. 쫀득하니 정말 맛있더라. 그런데 크기가 작아서 (간 / 배)에 (작별 / 기별)도 안 갔어. 다음에 내 것은 특별히 더 크게 부탁해.

 무언가 계속 생각나고 눈에 아른거릴 때

56 눈에 밟히다

중요도 ★★★

이런 뜻 잊히지 않고 자꾸 눈에 떠오르다.

이럴 때 잘 먹지 못해 삐쩍 마른 길고양이가 계속 생각나서 챙겨 주고 싶을 때

비슷한 말 (관용어) 눈에 아른거리다: 어떤 사람이나 일에 관한 기억이 떠오르다.

히				눈
	밟		눈	
에		히	밟	
눈			히	밟
		눈	다	

 아까 어떤 아이가 비를 맞고 있어서 내 우산을 씌워 줬어.

잘했네. 나 같아도 _____ 혀서 그냥 못 지나쳤을 것 같아.

 내용에 어울리는 어휘를 찾아 ○ 하세요.

위험에 처한 오리, 시민들의 도움으로 무사히 구조

맨홀에 빠져 다리를 다친 오리가 시민들의 신고로 구조됐다. 시민 A씨는 어둠 속에서 힘들었을 오리가 _____ 밟혀서 끝까지 챙기고 있다며, 따뜻한 마음을 전했다.

| 귀 | 눈 | 썹 | 에 | 게 | 걸 | 혀 | 입 |

 어떤 대상이 귀엽거나 사랑스러워 보일 때

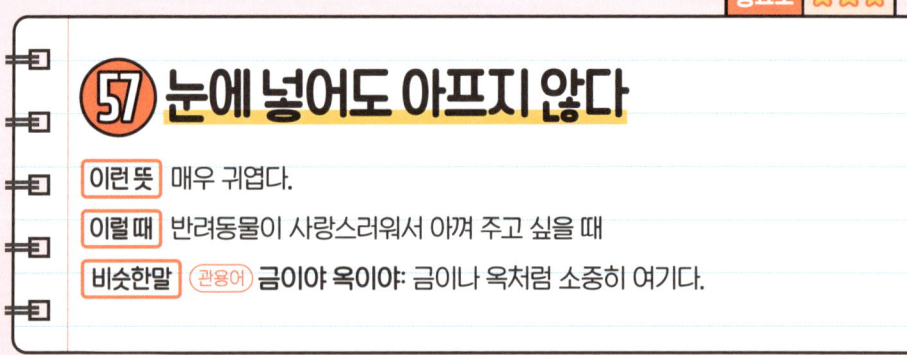

57 눈에 넣어도 아프지 않다

이런 뜻 매우 귀엽다.

이럴 때 반려동물이 사랑스러워서 아껴 주고 싶을 때

비슷한말 (관용어) **금이야 옥이야**: 금이나 옥처럼 소중히 여기다.

 아프지 않다

넣		눈		
	도	에		
눈	넣		어	
도				넣
에	눈			어

 우리 엄마는 매일 아침, 저녁마다 나를 꼭 안아 주셔.

우리 엄마도 내가 ＿＿＿＿＿＿＿＿＿＿ 을 만큼 사랑스럽대.

힌트 내용을 읽고 암호가 무엇을 나타내는지 써 보세요.

변신한 우리 집 강아지

강아지가 우리 집에 왔을 때 눈도 못 뜨면서 꼬물거리는 게 ★에 넣●도 ▲프지 않을 만큼 귀여웠다. 그런데 이제는 다 컸다고 사고만 친다. 말썽꾸러기가 따로 없다.

★ ＿＿＿ ● ＿＿＿ ▲ ＿＿＿

 정신없이 바쁠 때

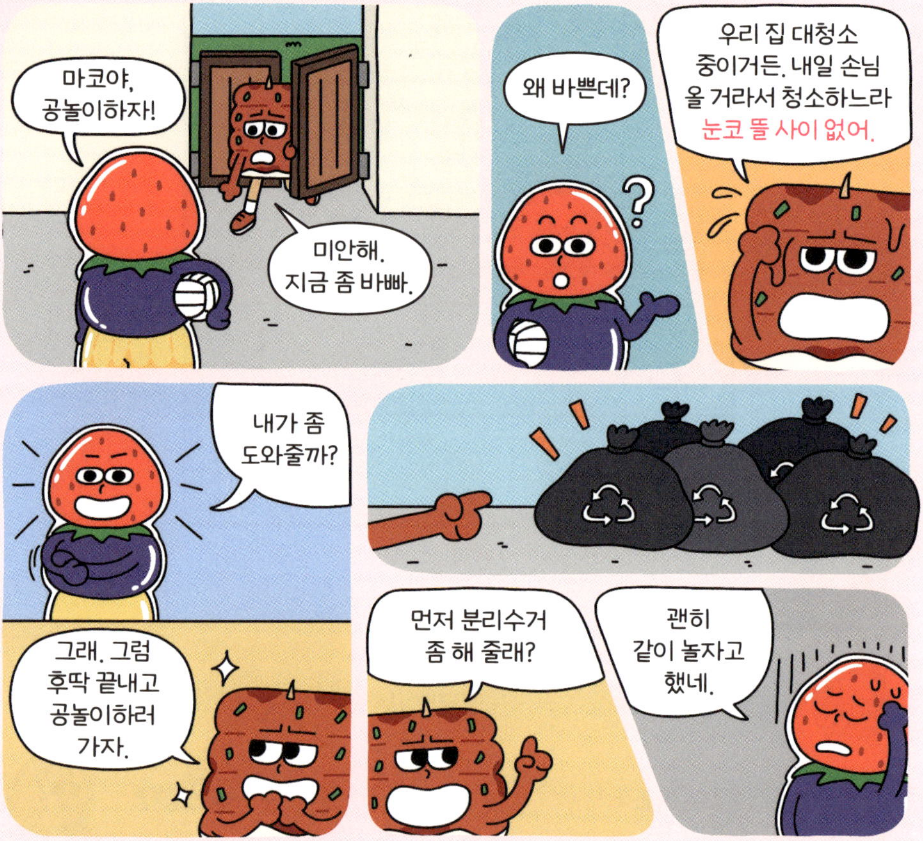

58 눈코 뜰 사이 없다

[이런 뜻] 정신을 차릴 수 없을 정도로 매우 바쁘다.

[이럴 때] 아침에 일어나서 세수하고 밥 먹고 가방 챙기느라 정신이 없을 때

[비슷한말] (관용어) 숨 쉴 새가 없다: 좀 쉴 만한 시간적 여유도 없이 몹시 바쁘다.

  없다

코	사	이		
	눈		이	코
	뜰	코		이
			코	사
	코			

요즘 민초가 전국 어린이 그림 대회에 나간다고 열심히 준비 중이래.

어쩐지 같이 놀자고 해도 빠지고 _____ 이 바빠 보였어.

 내용에 알맞은 어휘를 골라 보세요.

프루에게

어제 우리 집 분리수거 도와줘서 고마워. 쓰레기가 많아서 (콧구멍 / 눈코) 뜰 (차이 / 사이) 없었지? 오늘은 아빠가 맛있는 거 해 주신다니까 우리 집에 놀러 와.

 **함께하던 사람을 배신하거나 외면할 때**

59 등을 돌리다

[이런 뜻] 뜻을 같이하던 사람과 관계를 끊거나 배신하다.

[이럴 때] 나를 잘 따르던 강아지가 먹을 거 준다고 처음 본 사람을 따를 때

[비슷한말] (관용어) 벽을 쌓다: 서로 사귀던 관계를 끊다.

	다		등	
다		리		
	을		다	리
	돌			다
을	리			등

 마코가 저쪽 팀이 더 잘한다고 우리 팀을 버리고 가 버렸어!

저만 살겠다고 _____ 니 치사해.

힌트 오늘 배운 관용어와 연관된 어휘 1개를 찾아 ○ 하세요.

 **말과 행동이 답답할 정도로 느릴 때**

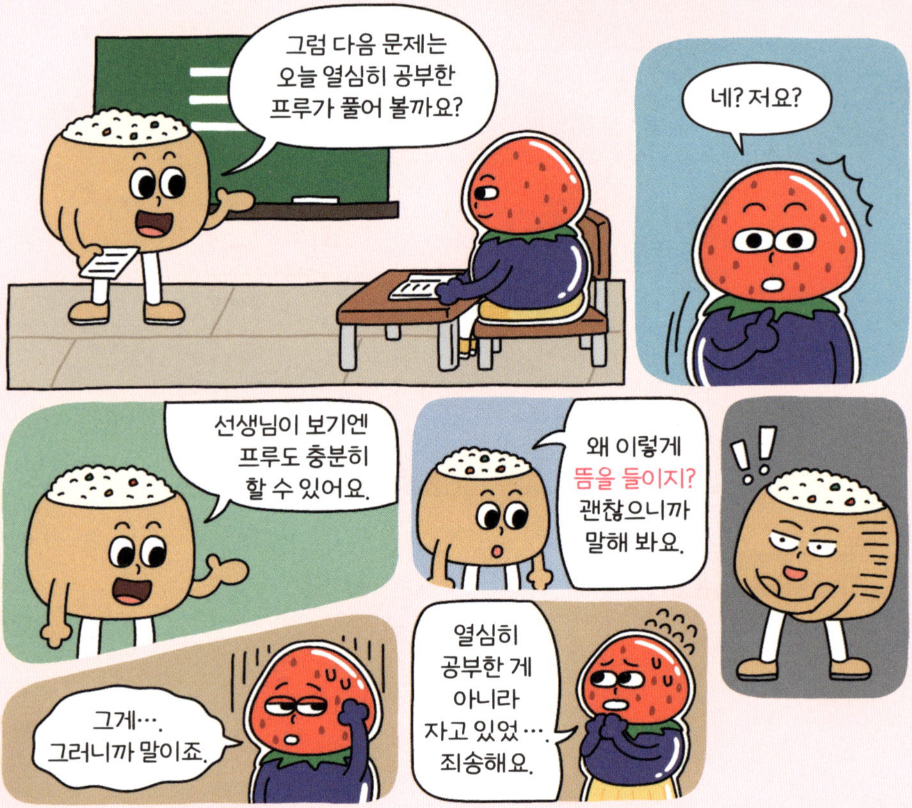

그럼 다음 문제는 오늘 열심히 공부한 프루가 풀어 볼까요?

네? 저요?

선생님이 보기엔 프루도 충분히 할 수 있어요.

왜 이렇게 뜸을 들이지? 괜찮으니까 말해 봐요.

그게…. 그러니까 말이죠.

열심히 공부한 게 아니라 자고 있었…. 죄송해요.

중요도

 **뜸을 들이다**

[이런 뜻] 일이나 말을 서두르지 않고, 한동안 가만히 있다.

[이럴 때] 질문에 바로 대답하지 않고 한참 시간을 끌 때

[반대말] (고사성어) 속전속결(速戰速決): 어떤 일을 빨리 진행하여 끝내다.

 너한테만 말할게. 사실 아까 화분 깨뜨린 건 바로 나야.

어쩐지 네가 _____ 는 게 이상하다고 생각했어.

힌트 내용에 어울리는 어휘를 찾아 O 하세요.

가슴이 두근두근

민초에게 고백을 했다. 민초는 내 고백에 대답을 하지 않고 _____ 들였다. 그러더니 한참 있다가 얼굴이 빨개지면서 고개를 끄덕였다. 가슴이 터지는 줄 알았다.

| 웃 | 뜸 | 는 | 거 | 을 | 절 | 하 | 이 |

 누군가를 애타게 기다릴 때

---

61 목이 빠지게 기다리다

이런 뜻 몹시 안타깝게 기다리다.

이럴 때 동그란 보름달이 보고 싶어서 며칠 전부터 기다릴 때

비슷한말  학수고대(鶴首苦待): 학의 목처럼 목을 길게 빼고 간절히 기다린다.

 기다리다

빠	목			
	빠	이		
목		게		
이	게			
지		목	게	

 치킨 배달 왔어. 월드컵 경기하는 날이라 오래 걸렸나 봐.

침이 고이다 못해 흘러내릴 지경이야. _____ 렸다!

힌트 내용을 읽고 암호가 무엇을 나타내는지 써 보세요.

메가전자 스마트폰, 첫날부터 구매 행렬

메가전자에서 새 스마트폰이 출시되자 시민들이 새벽부터 매장 앞에 줄을 섰다. 새 스마트폰에 대한 기대감을 갖고 ★이 ●지게 ▲다려 온 결과다.

 ___   ___   ___

 습관적으로 무언가를 반복할 때

 밥 먹듯 하다

- **이런 뜻** 보통 있는 일처럼 자주 하다.
- **이럴 때** 지각 안 할 거라고 다짐하면서도 아침마다 항상 늦게 일어날 때
- **비슷한 말** (관용어) 입에 달고 다니다: 이야기를 습관처럼 되풀이하거나 자주 사용하다.

 스도쿠로 익히기 | 밥 | 먹 | 듯 | 하 | 다 |

				다
하	다		밥	먹
			먹	듯
	하			밥
밥		다	듯	

 말 속에서 써 보기

 넌 왜 이렇게 자주 넘어져? 거의 _____는 것 같아.

내가 좀 덤벙대서 무릎이 잘 깨지지.

 글 속에서 써먹기

힌트 내용에 알맞은 어휘를 골라 보세요.

양치기 소년 마코에게

네가 평소에 하도 거짓말을 (밥 / 주스) (마시듯 / 먹듯) 하니까 오늘 생일이란 말도 믿을 수가 없었어. 앞으로는 절대 거짓말하지 마. 그리고 늦었지만 생일 축하해.

 힘든 상황을 헤쳐 나가기 위해 의지를 굳게 다질 때

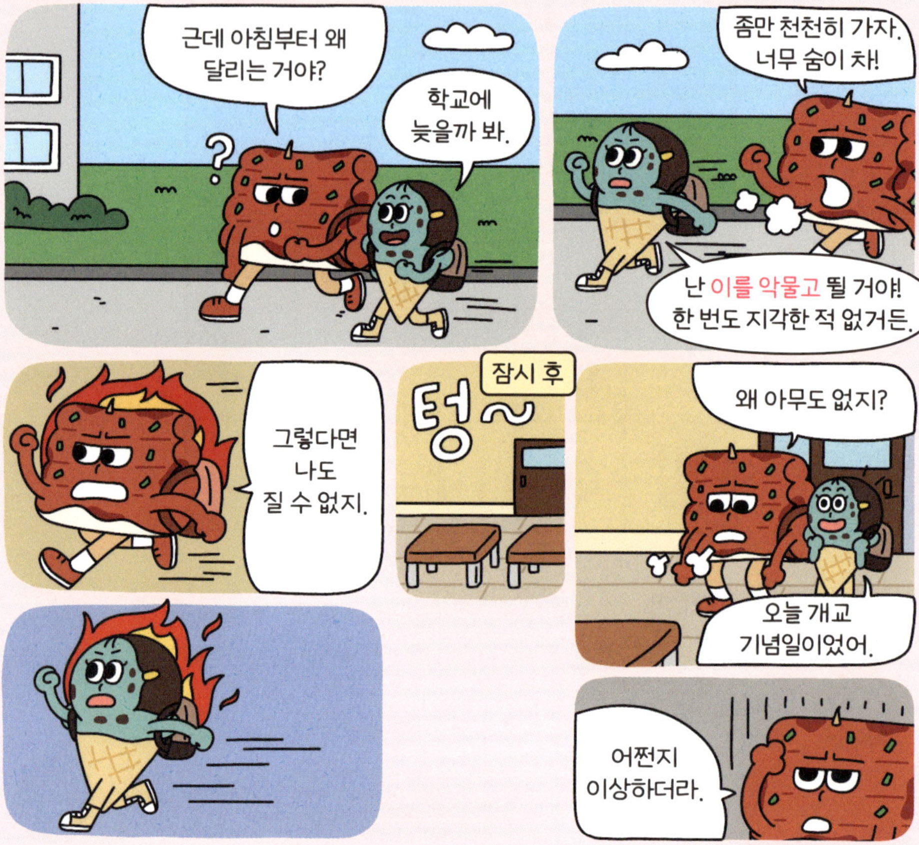

근데 아침부터 왜 달리는 거야?
학교에 늦을까 봐.
좀만 천천히 가자. 너무 숨이 차!
난 이를 악물고 뛸 거야! 한 번도 지각한 적 없거든.
그렇다면 나도 질 수 없지.
잠시 후
텅~
왜 아무도 없지?
오늘 개교 기념일이었어.
어쩐지 이상하더라.

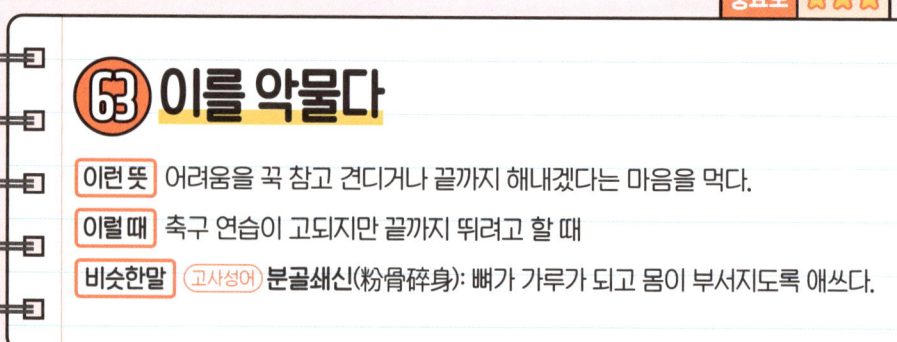

중요도 ★★★

63 이를 악물다

이런 뜻 어려움을 꾹 참고 견디거나 끝까지 해내겠다는 마음을 먹다.

이럴 때 축구 연습이 고되지만 끝까지 뛰려고 할 때

비슷한말 고사성어 분골쇄신(粉骨碎身): 뼈가 가루가 되고 몸이 부서지도록 애쓰다.

이		물		
	다	를		
다	물		를	
를				물
물	를			다

 산이 너무 높아. 나 그냥 등산 포기할래.

여기까지 어떻게 왔는데! 조금만 더 _____고 날 따라와!

힌트 내용에 어울리는 어휘를 찾아 ○ 하세요.

중요한 것은 꺾이지 않는 마음

어려운 일이 생겨도 _____ 악물고 끝까지 해내려는 태도가 필요하다.
힘들다고 쉽게 포기하면 아무것도 얻을 수 없기 때문이다.

| 이 | 배 | 를 | 치 | 둘 | 누 | 르 | 아 |

 잘난 체하던 사람이 창피를 당해 부끄러움을 느낄 때

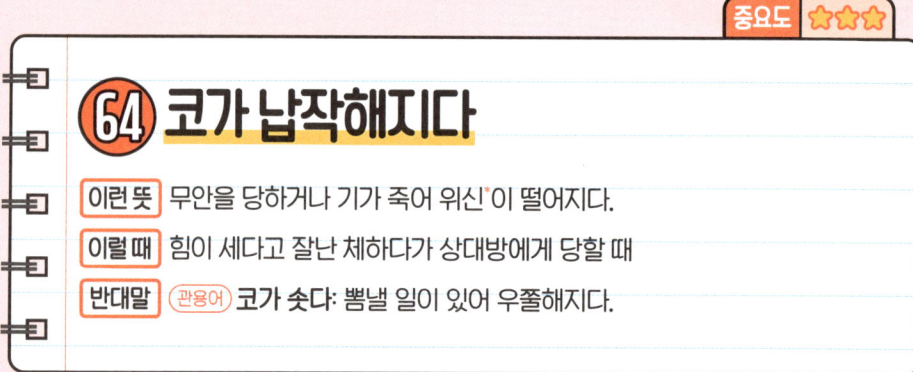

중요도 ★★★

64 코가 납작해지다

- **이런 뜻** 무안을 당하거나 기가 죽어 위신*이 떨어지다.
- **이럴 때** 힘이 세다고 잘난 체하다가 상대방에게 당할 때
- **반대말** (관용어) 코가 솟다: 뽐낼 일이 있어 우쭐해지다.

*위신: 존경과 믿음

 코가 납 작 해 지 다

작	납	해		다
				납
해				
	다		납	해
	작		해	지

 프루가 왜 저렇게 의기소침하지?

자기 말이 맞다고 계속 우기다가 결국 틀려서 _____ 졌어.

 힌트 오늘 배운 관용어와 연관된 어휘 1개를 찾아 ○ 하세요.

 **이미 잘못된 상황에 더 보태는 행동을 할 때**

65 한술 더 뜨다

이런 뜻 이미 잘못된 일에 한 걸음 더 나아가 엉뚱한 짓을 하다.

이럴 때 이미 망친 음식에 이상한 양념을 더 넣을 때

비슷한말 〈속담〉 **불난 집에 부채질한다**: 어려운 사람을 돕기는커녕 더 어렵게 만들다.

	다		술	
	술	더		
	한		더	
	더		뜨	술
더		술		한

 왜 이렇게 덥나 했더니 내가 모르고 히터를 틀었네.

안 그래도 더워서 땀이 비 오듯 하는데 _____는구나.

(힌트) 내용에 알맞은 어휘를 골라 보세요.

음식물 쓰레기, 올바르게 버려 주세요!

음식물 쓰레기를 아무 데나 버려서 민원이 들어오고 있습니다. 어제는 (한술 / 한입) 더 (떠 / 내려) 쓰레기 봉지도 열어 두었다고 합니다. 여름철에는 특별히 주의해 주세요.

 다른 사람을 곤란한 상황에 빠뜨릴 때

66 골탕 먹이다

- **이런 뜻** 한꺼번에 크게 손해를 입히거나 낭패를 당하게 만들다.
- **이럴 때** 동생이 아끼는 장난감을 몰래 숨겨 놓았을 때
- **비슷한 말** (관용어) **한 방 먹이다**: 말 등으로 상대방에게 충격을 주다.

		먹		골
이	다	골		
	골		이	
골		탕		이
	탕		골	다

수업 시간에 프루가 웃긴 표정을 지어서 발표를 망쳤어!

네가 열심히 준비했는데 _____ 니 짓궂네.

힌트 내용에 어울리는 어휘를 찾아 ○ 하세요.

눈에는 눈, 이에는 이

가방에 거미 장난감을 넣어서 마시멜을 _____ 먹였다. 그런데 이번에는 마시멜이 내 의자에 방귀 방석을 깔아 친구들 앞에서 방귀쟁이가 되고 말았다.

| 기 | 골 | 부 | 탕 | 죽 | 끄 | 러 | 밥 |

 **하나의 사건이나 이야기가 계속될 때**

67 꼬리에 꼬리를 물다

중요도

이런 뜻 계속 이어지다.

이럴 때 게임을 한 판 끝내기 전에 또 다른 친구가 같이 하자고 할 때

비슷한 말 〔관용어〕 **물고 늘어지다**: 꼬투리나 말끝을 잡아 자꾸 캐어 묻거나 덤비다.

 꼬리에

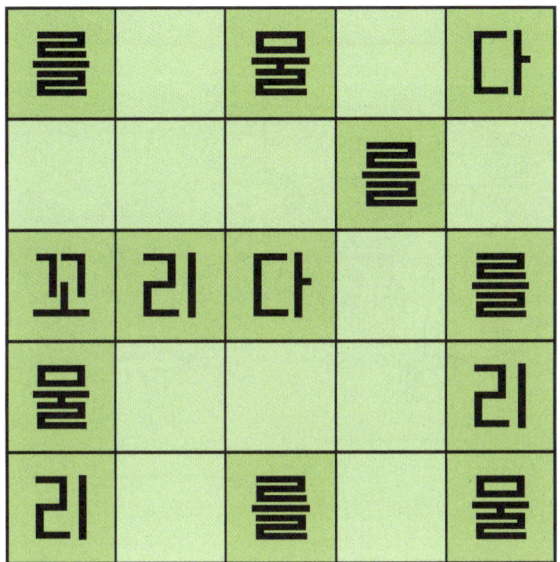

 떡볶이 먹으러 가자면서 민초는 왜 안 나와? 방학 특강이 이렇게 길었나?

보나 마나 민초의 질문이 _____고 길어졌을 거야.

(힌트) 내용을 읽고 암호가 무엇을 나타내는지 써 보세요.

신입 기자, 실종 사건 실마리 찾아

최근 메가뉴스의 기자가 용의자 A씨에게 ★리에 ●리▲ 무는 질문을 던졌다. 이러한 인터뷰 덕분에 경찰이 사건의 실마리를 찾는 데 큰 도움이 되었다.

★ _____   ● _____   ▲ _____

 어떤 행동을 하지 못하게 방해할 때

 **발목을 잡다**

중요도

- **이런 뜻** 어떤 일에 꽉 잡혀서 벗어나지 못하게 하다.
- **이럴 때** 소풍 가려고 하는데 갑자기 비가 올 때
- **비슷한 말** (관용어) **굴레를 씌우다**: 자유롭게 활동하지 못하도록 구속하다.

 발 목 을 잡 다

	잡	발		
			잡	목
목	을			
잡		을	발	다
발	다			잡

 이 재밌는 공연을 우리만 보려니 아쉽다.

숙제가 프루의 ＿＿＿＿＿＿ 아서 시간이 안 나니 어쩔 수 없지.

힌트 내용에 알맞은 어휘를 골라 보세요.

수학 실력 올리는 법

수학을 잘하기 위해서는 기초부터 차근차근 공부해야 한다. 학년이 올라갈수록 연산 실력이 (허벅지 / 발목)을 (잡을 / 긁을) 수 있기 때문이다.

 **같은 말을 반복적으로 할 때**

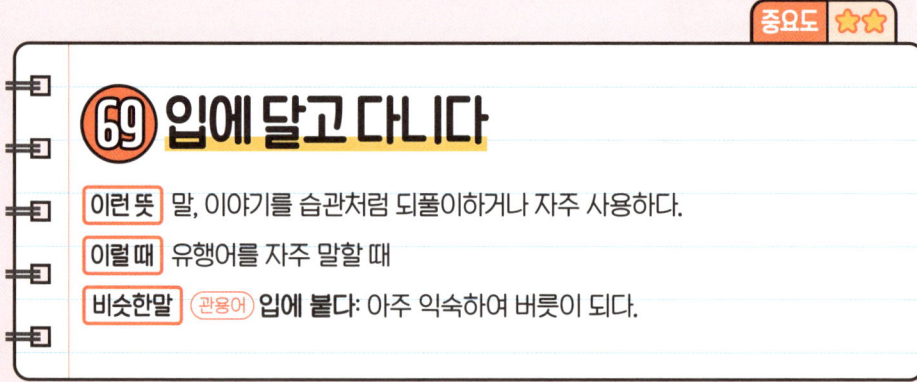

중요도 ★★

69 입에 달고 다니다

[이런 뜻] 말, 이야기를 습관처럼 되풀이하거나 자주 사용하다.

[이럴 때] 유행어를 자주 말할 때

[비슷한말] (관용어) 입에 붙다: 아주 익숙하여 버릇이 되다.

 **스도쿠로 익히기** 입에 달 고 다 니 다

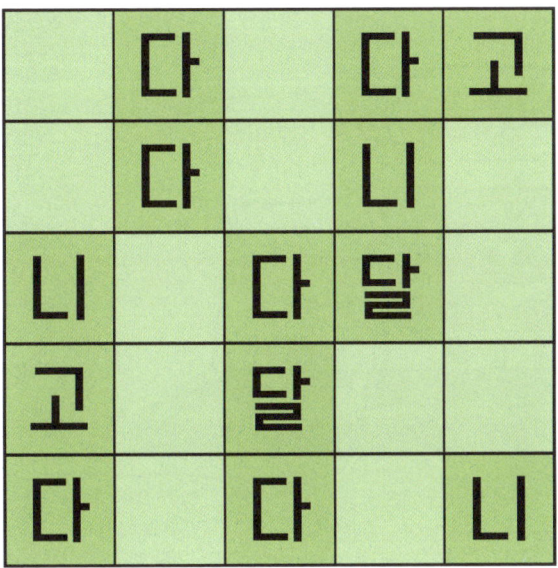

 **말 속에서 써 보기**

 나를 위해 초콜릿을 사 오다니 감동이야.

네가 먹고 싶다는 말을 하도 _____ 니까 사 왔지.

 **글 속에서 써먹기**

(힌트) 내용에 어울리는 어휘를 찾아 ○ 하세요.

오늘의 사연 : 칭찬은 고래도 춤추게 한다!

마시멜은 저에 대한 칭찬을 _____ 달고 다녀요. 저는 소심한 성격이었는데 칭찬을 듣다 보니 자신감이 생겼어요. 마시멜에게 고맙다고 전해 주세요.

| 입 | 코 | 를 | 에 | 눈 | 와 | 과 | 고 |

 어떤 일에 적극적으로 나설 때

70 팔을 걷어붙이다

- **이런 뜻** 어떤 일에 뛰어들어 적극적으로 일할 준비를 갖추다.
- **이럴 때** 힘들어 하는 친구를 위해 내 일처럼 열심히 도와줄 때
- **반대말** (관용어) 강 건너 불구경: 자기와 관계없는 일이라고 하여 무관심하게 보다.

 팔을 걷 어 붙 이 다

	붙		다	
어		이		붙
	어			
다			어	이
걷	이	어	붙	

 우리 할머니 농장에 일손이 부족한데 도와줄래? 바비큐 파티도 할 거야.

그럼 내가 _____고 달려갈게!

힌트) 오늘 배운 관용어와 연관된 어휘 1개를 찾아 O 하세요.

 **심장이 덜컥 내려앉을 만큼 놀랄 때**

중요도 ★★

 간 떨어지다

| 이런 뜻 | 순간적으로 몹시 놀라다.
| 이럴 때 | 정체 모를 무언가가 나타나서 깜짝 놀랄 때
| 비슷한말 | 고사성어 **혼비백산**(魂飛魄散): 혼이 어지럽게 흩어지듯 몹시 놀라 넋을 잃다.

다	간		지	
			떨	간
간	어		다	
	다	간		지
지		어		

 담력 훈련하러 귀신의 집에 다녀왔다면서?

귀신보다 프루 비명 소리에 ＿＿＿＿＿＿ 는 줄 알았어.

힌트 내용에 알맞은 어휘를 골라 보세요.

바람 소리도 무서워!

무서운 영화를 보는데 바람에 문이 쾅! 닫혔다. 하필 집에 나 말고 아무도 없어서 (폐 / 간) (떨어지는 / 구르는) 줄 알았다.

 어떤 단체에서 높은 자리에 오를 때

 중요도 ★★

72 감투를 쓰다

이런 뜻 벼슬이나 높은 지위에 오르다.

이럴 때 학교에서 회장이 될 때

반대말 (관용어) 감투를 벗다: 벼슬을 그만두다.

	다		를	
다		감		쓰
	감		다	
감			쓰	다
를		다		투

 엄마가 아파트 입주자 대표로 뽑히셨어. 그래서 할 일이 산더미래.

원래 _____ 면 피곤한 법이지.

힌트 내용을 읽고 암호가 무엇을 나타내는지 써 보세요.

최연소 마을 이장 탄생

K씨는 귀농 1년 만에 '마을 이장'이라는 ★●를 ▲게 되었다. 그는 마을에서 가장 어리지만, 주민들을 대표할 만큼 능력 있고 인간성이 좋아 사람들의 지지를 받았다.

★ _____   ● _____   ▲ _____

 맛있는 음식을 보고 입맛이 돌 때

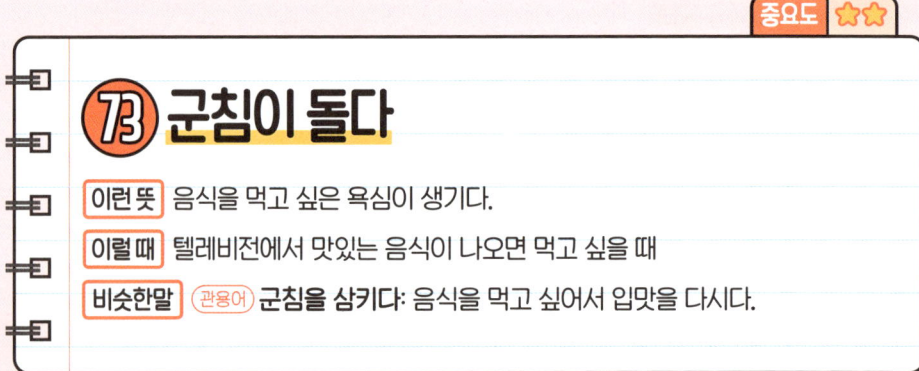

73 군침이 돌다

- **이런 뜻** 음식을 먹고 싶은 욕심이 생기다.
- **이럴 때** 텔레비전에서 맛있는 음식이 나오면 먹고 싶을 때
- **비슷한말** (관용어) **군침을 삼키다**: 음식을 먹고 싶어서 입맛을 다시다.

	돌			이
돌		이	군	
	침			군
	군	돌		다
이			다	돌

 괜찮아? 아침도 못 먹었다더니 기운이 없어 보여.

지금은 음식 얘기만 들어도 _____ 아.

힌트 오늘 배운 관용어와 연관된 어휘 1개를 찾아 O 하세요.

 다른 사람이 나에 대해 말한다고 느낄 때

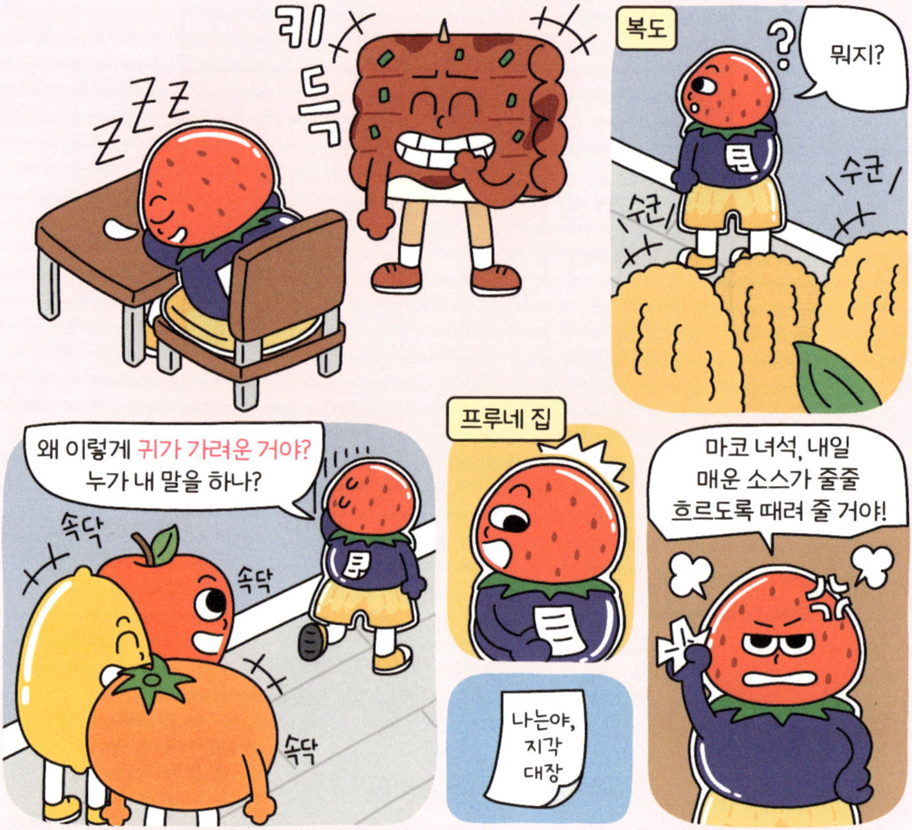

 귀가 가렵다

이런 뜻 남이 제 말을 한다고 느끼다.

이럴 때 친구들이 뒤에서 수군거리는 것 같은 느낌이 들 때

비슷한말 (관용어) 혀끝에 오르내리다: 남들의 입에 화제로 오르다.

	렵			
	귀	렵		가
렵	다		가	
	가		귀	렵
귀		가	렵	

 애들이 너 인라인스케이트 엄청 잘 탄다고 부러워했어.

아까부터 _____ 려웠는데 험담이 아니라, 칭찬이었구나.

힌트 내용에 어울리는 어휘를 찾아 ○ 하세요.

오늘의 사연 : 개성 있는 패션이 좋아요!

저는 옷을 좀 튀게 입어요. 그래서 사람들이 제 이야기를 많이 한대요. 그럴 때마다 _____ 가렵지만, 괜찮아요. 다 나에 대한 관심이니까요.

| 시 | 끄 | 간 | 귀 | 지 | 가 | 코 | 렵 |

157

 **같은 말을 지겹게 들을 때**

75 귀에 못이 박히다

- **이런 뜻** 같은 말을 여러 번 듣다.
- **이럴 때** 아빠가 게임 그만하라고 자꾸 말할 때
- **비슷한말** (관용어) **귀가 따갑다**: 너무 여러 번 들어서 듣기가 싫다.

중요도 ★★

 귀에 못 이 박 히 다

	못	박		
		다		히
	다	이	못	
이		히		못
박			이	다

 웬일로 헬멧이랑 무릎 보호대를 했어? 자전거 탈 때 아무것도 안 했잖아?

엄마가 조심하라고 _____ 게 말씀하셨거든.

힌트 내용에 알맞은 어휘를 골라 보세요.

마코에게

저번에 내 방 보고 돼지우리 같다고 놀렸지? 아빠가 귀에 (고무줄 / 못)이 (박히도록 / 돌리도록) 잔소리하셔서서 깨끗하게 청소했어. 아마 내일 오면 깜짝 놀랄걸?

 조금도 놀라지 않고 태연하게 행동할 때

내 소시지 다 어디 갔어?

몰라. 프루가 가져갔나 보지.

왜 그래?

웬 뚱딴지같은 소리야?

네 소시지엔 케첩을 안 뿌렸는데 네 입에 묻은 케첩은 뭐야!

앗!

어떻게 눈 하나 깜짝 안 하고 거짓말을 하지?

중요도

 눈 하나 깜짝 안 하다

[이런 뜻] 태도나 기색이 아무렇지 않은 듯 평소와 다름없이 굴다.

[이럴 때] 징그럽고 큰 벌레가 갑자기 튀어나와도 놀라지 않을 때

[비슷한 말] (고사성어) **태연자약(泰然自若)**: 마음에 어떤 자극을 받아도 흔들리지 않고 천연덕스럽다.

  안 하다

하	나	짝	깜	눈
나	눈	깜	짝	하
짝	하	눈	나	깜
깜	짝	하	눈	나
눈	깜	나	하	짝

 학교 가기 싫어서 아프다고 했어. 내일 선생님이 아시면 어떡하지?

__눈 하나 깜짝 안 하__고 거짓말했으면서 이제 와서 걱정은!

힌트 내용을 읽고 암호가 무엇을 나타내는지 써 보세요.

아이돌 A와 배우 B, 열애설에 "사실무근"

아이돌 A와 배우 B가 손을 잡고 다니는 사진이 공개됐다. 둘이 사귀냐는 질문에 양측 소속사는 ★ 하● ▲짝 안 하고 "그냥 친구일 뿐"이라고 답했다.

 눈   나   깜

 자기가 잘할 수 있는 분야나 상황을 만날 때

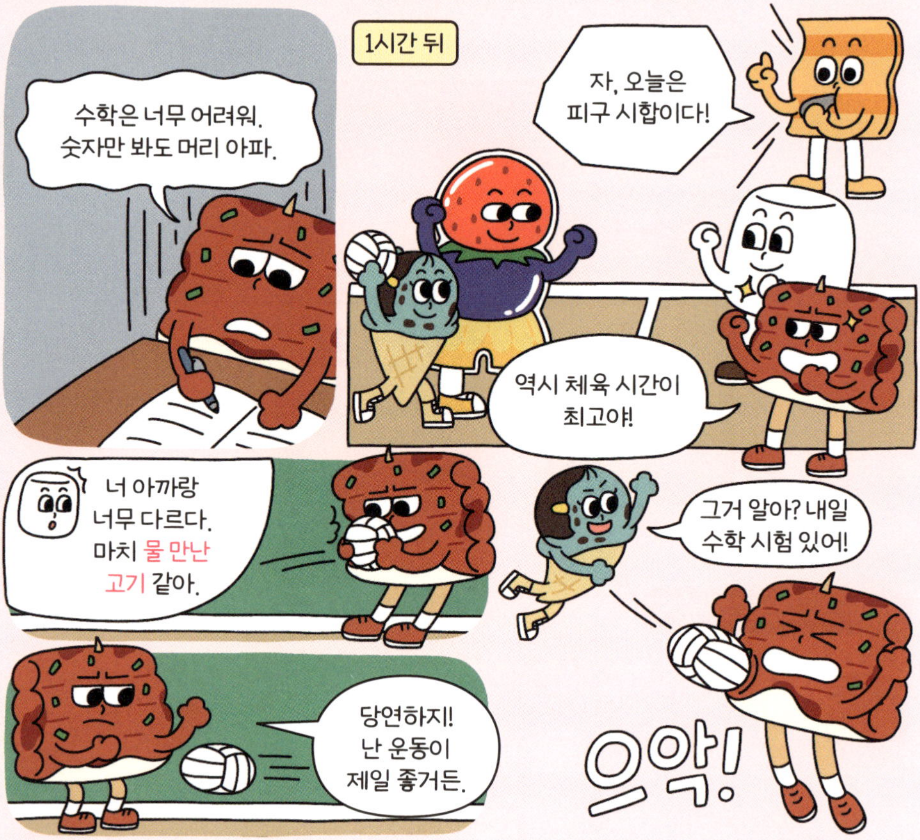

1시간 뒤

수학은 너무 어려워. 숫자만 봐도 머리 아파.

자, 오늘은 피구 시합이다!

역시 체육 시간이 최고야!

너 아까랑 너무 다르다. 마치 물 만난 고기 같아.

그거 알아? 내일 수학 시험 있어!

당연하지! 난 운동이 제일 좋거든.

으악!

중요도 ⭐

77 물 만난 고기

- **이런 뜻** 어려운 환경에서 벗어나 크게 활약할 수 있는 판을 만난 처지
- **이럴 때** 운동을 좋아하는 친구가 체육 시간에 실력을 발휘하게 될 때
- **비슷한말** (관용어) **활개를 치다**: 제 세상인 듯 의기양양하게 행동하다.

 숙제할 땐 힘들었는데 친구들이랑 수다 떠니까 기운이 펄펄 나!

너 지금 _____ 같아!

(힌트) 내용에 알맞은 어휘를 골라 보세요.

수영은 내가 최고!

나는 달리기는 못하는데 수영은 정말 잘한다. 누구와 붙어도 무조건 1등 할 수 있다. 친구들 말로는 내가 수영할 땐 꼭 (불 / 물) 만난 (새 / 고기) 같다고 한다.

 **말이나 행동을 자주 바꿀 때**

78 변덕이 죽 끓듯 하다

이런뜻 말이나 행동을 몹시 이랬다저랬다 하다.

이럴 때 결정을 못하고 자꾸 마음을 바꿀 때

비슷한말 (속담) **한 입으로 두말하기**: 한 가지 일에 대하여 말을 이랬다저랬다 하다.

 변덕이 죽 끓 듯 하 다

			듯	다	
끓					
다	듯			죽	
하		죽	듯	끓	
	끓	다			
듯			죽		

 아까는 캐치볼 하고 싶었는데, 이젠 배드민턴 치고 싶어!

_____는구나. 그냥 너 혼자 놀아!

힌트 내용에 알맞은 어휘를 골라 보세요.

알다가도 모를 날씨

섬으로 가족 여행을 떠났다. 아침에는 해가 쨍쨍하더니 갑자기 비가 왔다. 우리 가족은 일기 예보를 못 봐서 쫄딱 젖었다. 변덕이 (죽 / 밥) (씻듯 / 끓듯)한 날씨였다.

 계속해서 자랑이나 칭찬을 할 때

79 입에 침이 마르다

이런 뜻 다른 사람이나 물건에 대하여 거듭해서 말하다.

이럴 때 친구가 새로 산 장난감을 자랑하면서 계속 설명할 때

비슷한 말 (관용어) 입이 닳다.

 입에 침 이 마 르 다

다	침		마	
르		마		침
	마		르	
이		침		마
	이	르	침	

 민초가 만든 빵 말이야. 쫀득쫀득하고 달콤해서 정말 맛있어!

맞아. 그래서 나도 _____도록 칭찬했지.

힌트 내용에 어울리는 어휘를 찾아 ○ 하세요.

오늘의 사연 : 나의 꿈은 과학자예요!

엄마는 제가 우주에 대해 자세히 설명할 때마다 입에 _____ 마르도록 칭찬해 주세요. 그래서 저는 더 열심히 공부해서 멋진 과학자가 되고 싶어요.

| 시 | 침 | 간 | 귀 | 지 | 이 | 코 | 렵 |

 여러 사람이 같은 의견을 말할 때

 입을 모으다

- 이런 뜻 : 모두 한결같이 말하다.
- 이럴 때 : 친구들이 한목소리로 같은 이야기를 할 때
- 비슷한말 고사성어 이구동성(異口同聲): 입은 다르나 목소리는 같은 것처럼 사람들의 말이 한결같다.

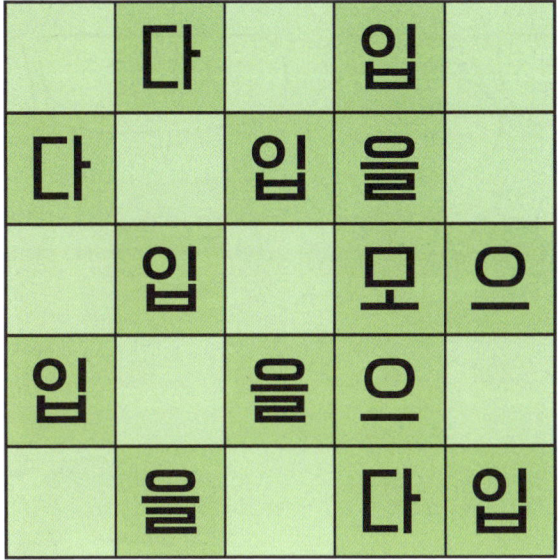

이번 연극에서 내가 피터 팬 할래.

넌 해적 선장이 더 어울려. 모두 _____아 말하던걸.

힌트 내용에 알맞은 어휘를 골라 보세요.

사실은 나도 하고 싶어!

마코는 체육을 잘한다. 그래서 친구들은 (눈 / 입)을 (모아 / 감고) 마코가 체육 부장이 되어야 한다고 말한다. 하지만 나도 체육 부장이 되고 싶다. 뭔가 방법이 없을까?

 우쭐해서 다른 사람을 무시할 때

81 콧대가 높다

- **이런 뜻** 잘난 척 뽐내거나 남을 우습게 여긴다.
- **이럴 때** 여러 사람이 아무리 좋아한다고 고백해도 계속 거절할 때
- **비슷한 말** (관용어) **목에 힘을 주다**: 거드름을 피우거나 남을 깔보는 태도를 취하다.

프루가 나랑 수준이 안 맞아서 축구를 못 하겠대. 왜 저래?

아까 골 두 번 넣더니 _____ 아졌네.

 내용에 알맞은 어휘를 골라 보세요.

오늘의 사연 : 제 친구를 돌려주세요!

친구가 인기투표에서 1위로 뽑힌 뒤부터 저를 멀리합니다. 인기가 많아져서 (콧구멍 / 콧대)가 (넓어진 / 높아진) 걸까요? 친구와 다시 친해질 방법을 알고 싶어요.

 손님이 없어서 장사가 안 될 때

저기는 파리 날리네?

새로 생긴 분식점 때문에 손님이 줄었어.

흠...

우리 아지트라 망하면 안 되는데!

두 개 사면 하나 더 주는 이벤트를 해 보면 어때요?

2+1 햄치즈 김말이 솜사탕 아이스크림

다행이다. 앞으로도 문제 없겠어.

중요도

 파리 날리다

이런 뜻 영업이나 사업이 잘 안되어 한가하다.

이럴 때 손님이 너무 없어서 파리만 날아다닐 정도로 한산할 때

반대말 (고사성어) 문전성시(門前成市): 찾아오는 사람이 많아 북적이다.

리		다		날
	리		리	파
파		리		
날	파	리		리
리		파		

 왜 저 가게만 손님이 많을까?

그러게, 다른 곳은 _____는데. 이유가 궁금하네.

힌트) 내용을 읽고 암호가 무엇을 나타내는지 써 보세요.

유명 분식점, 위생 불량에 손님 '뚝'

순대에서 바퀴벌레가 나와 ★● 날▲는 식당이 있다. 음식은 청결이 중요한데, 위생에 신경 쓰지 않아 손님들의 발길이 저절로 뚝 끊겼다.

★ ____   ● ____   ▲ ____

원하는 것을 차지하기 위해 욕심낼 때

(만화)

---

83 눈독을 들이다

중요도 ★★★

[이런 뜻] 욕심을 내어 눈여겨보다.

[이럴 때] 친구의 빵이 먹고 싶어서 호시탐탐 노릴 때

[비슷한말] (관용어) 입맛을 다시다: 무엇인가를 갖고 싶어 하다.

 못 보던 머리핀을 했네? 완전 내 스타일이야!

그렇다고 _____면 곤란해. 용돈 모아서 산 거란 말이야.

힌트 오늘 배운 관용어와 연관된 어휘 1개를 찾아 O 하세요.

 알고 있지만 아무것도 모르는 척할 때

쨍그랑!

쨍

난 몰라!

어디 가?

흠

혹시 누가 그랬는지 아니?

그, 그게 지금 막 와서 아무것도….

시치미를 떼다니 실망이구나. 좀 전에 한 명 더 있었잖아. 내가 저쪽에서 봤는데?

사실은 마코가 그랬어요. 전 그냥 옆에만 있었고요.

중요도

84 시치미를 떼다

이런 뜻 자기가 하고도 하지 않은 척하거나, 알면서도 모르는 체하다.

이럴 때 게임하다가 규칙을 어겼는데 아닌 척할 때

비슷한말 (관용어) 눈 가리고 아웅: 얕은 수로 남을 속이다.

치				떼	다
	떼		미		
	다				치
미	시				를
떼		다	치		미
		치	미	다	

 누가 칠판에 마코 욕을 써 놨네.

네가 낙서해 놓고 ＿＿＿＿＿＿＿ 는 거지? 교실에 너밖에 없었잖아!

힌트 내용에 어울리는 어휘를 찾아 ○ 하세요.

내가 똑똑히 봤어!

미술실 앞에 작품들이 전시되었다. 그래서 구경하러 갔는데 때마침 프루가 내 작품을 만지고 있었다. 왜 함부로 만지냐고 따졌더니 ＿＿＿＿＿＿ 뗐다.

| 시 | 모 | 치 | 른 | 체 | 미 | 하 | 를 |

 상대방을 하찮게 생각해서 비웃을 때

중요도 ★★★

85 코웃음을 치다

이런 뜻 남을 깔보고 비웃다.

이럴 때 내가 열심히 그린 그림을 보고 친구가 비웃을 때

비슷한말 (관용어) 목에 힘을 주다: 거드름을 피우거나 남을 깔보는 듯한 태도를 취하다.

	웃		코		을
을	코			다	치
다	치			웃	
음			을		다
웃		치	다		
	다				

 품! 너 앞으로 군것질 절대 안 하기로 했다며?

_____ 지 마! 난 진지하다고!

힌트 내용에 알맞은 어휘를 골라 보세요.

마코에게

반 대항 씨름을 하는데 깔깔이가 우리를 보고 (코웃음 / 방귀)을 (치는 / 뀌는) 거야. 보란 듯이 이기고 싶었는데 네가 없어서 지고 말았어. 얼른 감기 나아서 학교에 와!

 눈으로 보고도 믿어지지 않을 때

86 눈을 의심하다

- **이런 뜻** 잘못 보지 않았나 하여 믿지 않고 이상하게 생각하다.
- **이럴 때** 친구가 춤을 잘 춘다는 게 믿어지지 않을 때
- **비슷한 말** (관용어) **귀를 의심하다**: 믿기 어려운 이야기를 들어 잘못 들은 것이 아닌가 생각하다.

		심	의		
	다				눈
다	심		하	눈	
을		눈			의
하	의			다	
	눈	다	을	의	

 세상에! 난 저렇게 큰 벌레는 처음 봤어.

나도 처음 보고 내 _____ 했잖아.

힌트 내용에 알맞은 어휘를 골라 보세요.

엄마 생일맞이 깜짝 이벤트

평소 무뚝뚝한 아빠가 엄마를 위해 꽃다발을 사 왔다. 난 너무 놀라 두 (눈 / 입)을 (의심했다 / 다물었다). 우리 아빠에게도 저런 면이 있다니 신기했다.

 너무 서러워서 눈물을 흘릴 때

 닭똥 같은 눈물

- **이런 뜻** 방울이 몹시 굵은 눈물
- **이럴 때** 엄마에게 혼나고 속상해서 눈물이 뚝뚝 떨어질 때
- **비슷한 말** (관용어) 눈물이 앞을 가리다: 눈물이 자꾸 나오다.

 저 드라마 여자 주인공 엄청 불쌍해 보여.

저렇게 _____ 을 뚝뚝 흘리는데 누구라도 도와주지.

힌트 내용을 읽고 암호가 무엇을 나타내는지 써 보세요.

심각한 폭우로 아이돌 데뷔 무대마저 취소

시간당 100mm가 넘는 폭우로 신인 가수 썸데프의 데뷔 무대가 취소됐다. 긴 연습생 기간을 거친 그들은 ★똥 ●은 ▲물을 흘리며 다음 기회를 간절히 바란다고 말했다.

 비현실적이고 쓸데없는 것을 꿈꿀 때

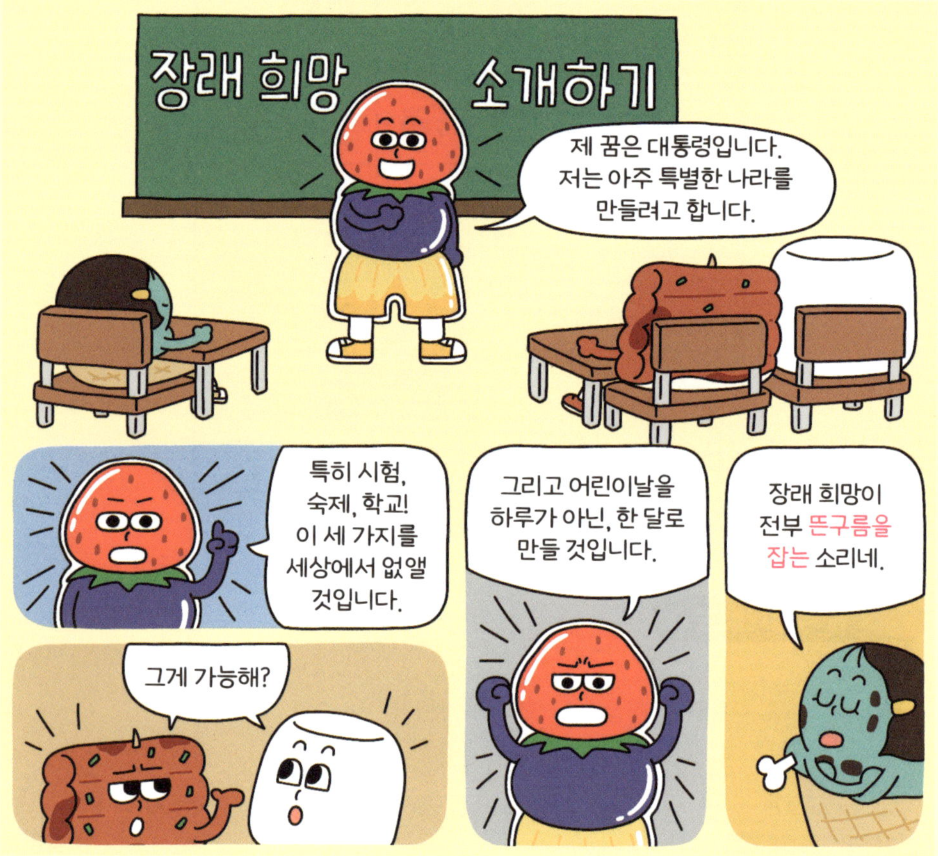

88 뜬구름을 잡다

중요도 ★★

[이런 뜻] 막연하거나 헛된 것을 좇다.

[이럴 때] 친구가 공부는 안 하고 계속 게임만 하면서 백 점 받겠다고 할 때

[비슷한말] (고사성어) 허무맹랑(虛無孟浪): 터무니없이 거짓되고 실속이 없다.

구		을	뜬		잡
	잡		을		구
	다	잡			
름			다	잡	
잡	을				름
		구	름		다

저 영화처럼 하늘에서 피자가 우수수 쏟아지면 좋겠다.

그게 무슨 _____는 소리야?

 다른 사람 앞에서 잘난 체하며 거만하게 행동할 때

89 목에 힘을 주다

이런 뜻 거드름을 피우거나 남을 깔보는 듯한 태도를 취하다.

이럴 때 형이 시험에서 높은 점수를 받고 거들먹거릴 때

비슷한 말  으스대다: 어울리지 않게 우쭐거리며 뽐내다.

목			을		
다		을	힘		목
	다		목		에
에	힘		주		
		다			힘
힘		에	다	을	

 민초가 학교 대표로 코딩 대회에 나간대.

어쩐지 요즘 _____고 다니는 것 같더라.

힌트 내용에 어울리는 어휘를 찾아 ○ 하세요.

오빠가 나를 무시해!

예전부터 오빠랑 난 바둑 라이벌이었다. 그런데 오빠가 바둑 대회에서 상을 탄 뒤로 _____ 힘을 주고 다닌다. 심지어 이제 나는 상대도 안 된다나?

| 시 | 목 | 치 | 른 | 체 | 에 | 하 | 때 |

 **시험 결과가 좋지 않아 떨어졌을 때**

왜 저러지?

한자 급수 시험 봤는데 미역국을 먹었대.

시험 보다가 미역국을 왜 먹어?

진짜 먹은 게 아니라, 미역처럼 미끄러져서 떨어졌다고!

아하!

근데 마코는 왜 갑자기 한자 시험을 본 거야?

한자 시험 통과하면 아빠가 우주 비행사 로봇을 사 준다고 했대.

헐!

속닥 속닥

참, 내일 급식 소고기 미역국이래!

내 앞에서 미역국 얘기는 꺼내지도 마!

 중요도 ★★

90 미역국을 먹다

이런 뜻 시험에 떨어지다.

이럴 때 연극 오디션에서 대사를 잊어버려 결국 탈락할 때

비슷한 말 (관용어) **고배를 마시다**: 패배, 실패 등의 쓰라린 일을 당하다.

	국	을			미
다		미		국	역
먹			다		
을		국			먹
국	역	다	미		
				국	역

 나 코딩 대회 예선에서 떨어졌어.

네가 _____ 니 문제가 정말 어려웠나 보다.

힌트) 내용에 알맞은 어휘를 골라 보세요.

마시멜에게

어떻게 하면 그렇게 리코더를 잘 불 수 있어? 난 리코더 시험에서 번번이 (눈칫밥 / 미역국)을 (먹고 / 만들고) 있어. 제발 그 비결 좀 알려 줘!

 **실제 가격보다 비싸게 물건을 구매했을 때**

"아저씨, 너무 비싸요. 조금만 깎아 주세요!"

"기분이다! 오늘 첫 손님이니까 반값에 줄게."

"5,000원이나 깎았다!" 아싸!

잠시 후

"달고나가 3,000원이라고?"

"이런, 아저씨가 바가지를 씌웠네!"

중요도 ★★

바가지를 쓰다

이런 뜻 요금이나 물건값을 실제보다 비싸게 지불하여 억울한 손해를 보다.

이럴 때 친구랑 똑같은 장난감을 샀는데 나만 훨씬 비싸게 샀을 때

비슷한 말 [관용어] 뒤통수를 맞다: 배신을 당하다.

가	지		쓰	다	
	쓰				가
	가		다		
다	를	지		바	
		다		바		를
를				가	다

 마트 앞에 있는 문구점에서 슬라임을 샀는데 너무 비싸더라.

나도 거기서 색연필을 샀는데 _____ 썼어!

힌트 내용에 알맞은 어휘를 골라 보세요.

이게 떡볶이 2인분?

민초와 학교 앞 분식집에 갔다. 떡볶이 2인분을 시켰는데 양이 엄청 적었다.
맛있었지만, 양이 적어서 (바가지 / 모자)를 (쓴 / 채운) 것 같아 속상했다.

 **엄청 웃겨서 웃음이 멈추지 않을 때**

김밥과 햄버거가 달리기 하면 누가 이길까?

김밥?

땡! 정답은 햄버거야. 햄버거는 패스트푸드 잖아.

풉!

푸 하하

그렇게 웃겨? 아주 배꼽이 빠지게 웃네.

30분 동안 웃다니 신기한 친구야.

네가 친 개그잖아.

 중요도 ★★

92 배꼽이 빠지다

[이런 뜻] 매우 우습다.

[이럴 때] 동생이 우스꽝스러운 표정을 지으며 장난을 쳐서 굉장히 웃길 때

[비슷한말] (고사성어) 포복절도(抱腹絶倒): 배를 움켜쥔 채 몸이 넘어질 만큼 크게 웃다.

		꼽	빠	다	
다	지		이		
		배			이
이			배	꼽	빠
지		다			배
			이	지	빠

 프루가 수행 평가에서 '몰라요'라고 대문짝만하게 썼대.

그래서 애들이 _____게 웃었구나.

힌트 내용을 읽고 암호가 무엇을 나타내는지 써 보세요.

내 친구는 해피 바이러스

쉬는 시간에 마코가 이상한 춤을 췄다. 할머니를 따라 트로트 공연을 보고 와서 배웠다는데 어찌나 익살스럽던지, ★●이 ▲지게 웃었다.

★ _____   ● _____   ▲ _____

 **계속 바빠서 쉴 틈이 없을 때**

93 숨 돌릴 사이도 없다

- **이런 뜻** 가쁜 숨을 고를 정도의 여유도 없다.
- **이럴 때** 친구들이 끊임없이 질문을 해서 쉴 틈 없이 대답해야 할 때
- **비슷한 말** (관용어) 눈코 뜰 사이 없다: 정신 못 차리게 엄청 바쁘다.

   없다

 오늘은 숙제, 방 청소, 학예회 연습까지 싹 다 해야 돼!

진짜 바쁘겠다. _____ 겠네.

힌트 내용에 어울리는 어휘를 찾아 O 하세요.

프루에게

과자 파티에 초대해 줬는데 못 가서 미안해. 강아지 산책도 시켜야 하고, 저녁 땐 게임 약속도 있었거든. 어찌나 바쁜지 숨 돌릴 _____ 없었어. 다음엔 꼭 갈게.

| 눈 | 사 | 숨 | 기 | 이 | 돌 | 도 | 릴 |

 남의 일에 사사건건 참견할 때

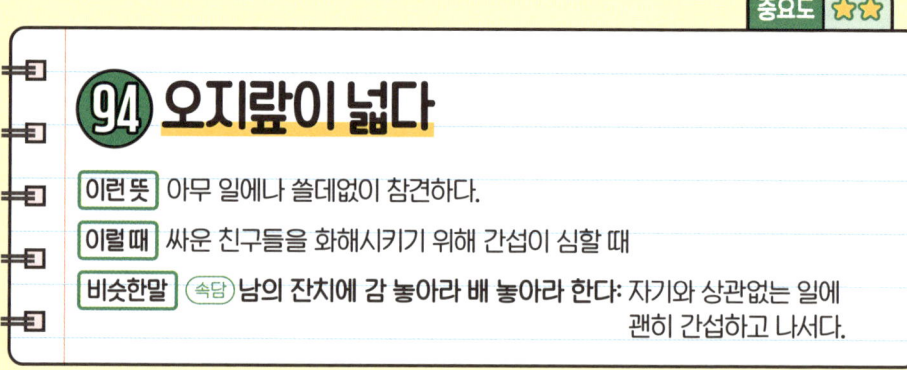

94 오지랖이 넓다

중요도 ★★

[이런 뜻] 아무 일에나 쓸데없이 참견하다.

[이럴 때] 싸운 친구들을 화해시키기 위해 간섭이 심할 때

[비슷한말] (속담) **남의 잔치에 감 놓아라 배 놓아라 한다**: 자기와 상관없는 일에 괜히 간섭하고 나서다.

	이		오		
		오	넓		
다			랖		
오	랖	지		넓	다
	오	넓		이	
이		랖		오	넓

 우리 삼촌은 명절 때마다 학교 성적, 친구 관계까지 다 물어봐.

_____으시군. 한 귀로 듣고 한 귀로 흘려 버려.

힌트) 오늘 배운 관용어와 연관된 어휘 1개를 찾아 O 하세요.

 지쳐서 힘이 없을 때

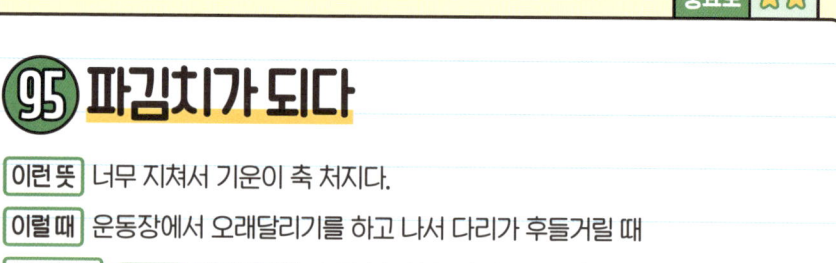

중요도 ★★

95 파김치가 되다

이런 뜻 너무 지쳐서 기운이 축 처지다.

이럴 때 운동장에서 오래달리기를 하고 나서 다리가 후들거릴 때

비슷한 말 고사성어 **기진맥진**(氣盡脈盡): 힘을 다 써서 도저히 몸을 움직이지 못하다.

김		가	되		
	다			치	가
다	되	파	치		김
	가			되	
되		다			치
	파		다		

 여행 일정이 꼬여서 하루 종일 동동거리며 다녔어.

저런, 힘들어서 _____ 됐겠네.

힌트 내용에 알맞은 어휘를 골라 보세요.

지옥철은 너무 싫어!

토요일에 엄마랑 서점에 다녀오느라 지하철을 탔는데 사람이 엄청 많았다. 집에 도착하니 (파김치 / 겉절이)가 (되어 / 익어) 버렸다. 다시는 주말에 지하철 안 타야지.

 자기와 관계없다고 아무런 도움을 주지 않을 때

96 강 건너 불구경

이런 뜻 자기와 상관없는 일이라고 하여 무관심하게 지켜보다.

이럴 때 반 친구들끼리 심하게 다투고 있는데 옆에서 그냥 구경만 할 때

비슷한 말 (고사성어) **수수방관**(袖手傍觀): 팔짱을 낀 채 거들지 않고 보고만 있다.

		경	강		
너		강		구	
	경		건	너	
강	너	건			구
경		너	구	불	
	불				경

 교실이 완전 물바다네. 어디서 물이 새나?

_____ 하듯 보고만 있지 말고, 바닥 닦는 것 좀 도와줘!

힌트 내용을 읽고 암호가 무엇을 나타내는지 써 보세요.

전교생에게 알립니다

교실 바닥에 쓰레기가 보이면 그냥 지나치지 말고 주워서 버립시다. ★ 건너 불●▲ 하듯 외면하지 마세요! 우리 모두가 해야 할 일입니다.

 ____   ____  ____

 문제를 해결하기 위해 곰곰이 생각할 때

97 머리를 굴리다

- **이런 뜻** 머리를 써서 해결 방법을 생각하다.
- **이럴 때** 사방이 막힌 길에서 빠져나갈 방법을 궁리할 때
- **비슷한말** (관용어) 머리를 짜내다: 몹시 애를 써서 궁리하다.

머		굴			
리	다		머		를
	굴		를		
	머	를		다	굴
를			굴		
굴	리	머		를	

 숨은그림찾기다! 전부 맞혀야지.

생각보다 어려울걸? 열심히 _____ 려야 해.

힌트 내용에 어울리는 어휘를 찾아 ○ 하세요.

들킬까 봐 조마조마해!

친구들과 PC방에 갔다. 다 같이 게임하니 재밌어서 집에 가야 할 시간을 훌쩍 넘겼다. 왜 늦었냐는 엄마의 말에 _____ 굴리느라 힘들었다.

| 머 | 연 | 구 | 필 | 슬 | 을 | 리 | 를 |

 **아무것도 먹지 못해 엄청 배고플 때**

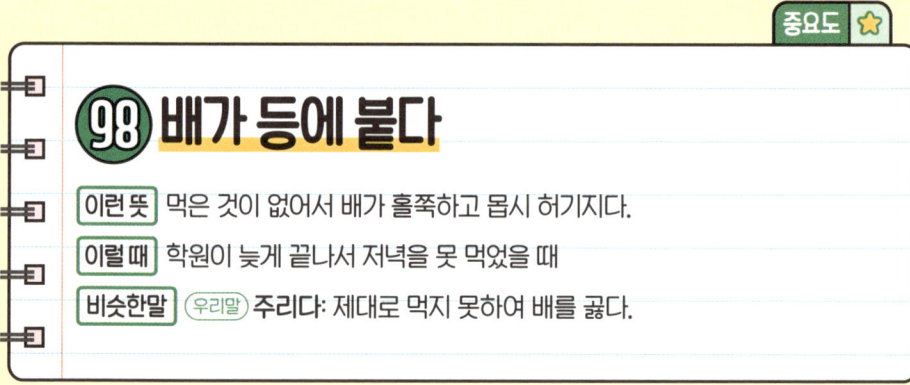

중요도 ⭐

98 배가 등에 붙다

[이런 뜻] 먹은 것이 없어서 배가 홀쭉하고 몹시 허기지다.

[이럴 때] 학원이 늦게 끝나서 저녁을 못 먹었을 때

[비슷한말] (우리말) **주리다**: 제대로 먹지 못하여 배를 곯다.

	에		다	배	
	가		불		등
불			배		에
가	배				불
에		다	가		
	등	가		불	다

 매일 하는 운동인데 오늘따라 왜 이렇게 힘들어해?

아무것도 안 먹었더니 _____ 을 것 같아. 먹을 것 좀 있어?

힌트 오늘 배운 관용어와 연관된 어휘 1개를 찾아 O 하세요.

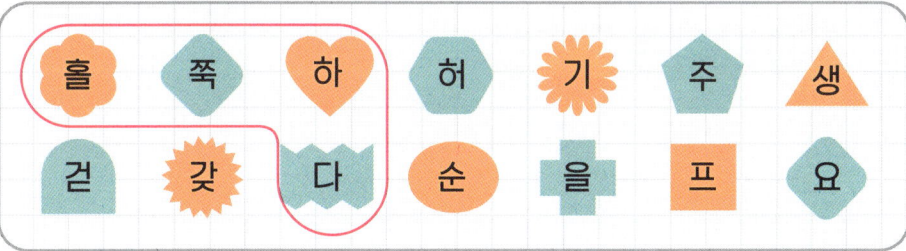

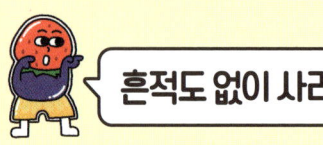 흔적도 없이 사라질 때

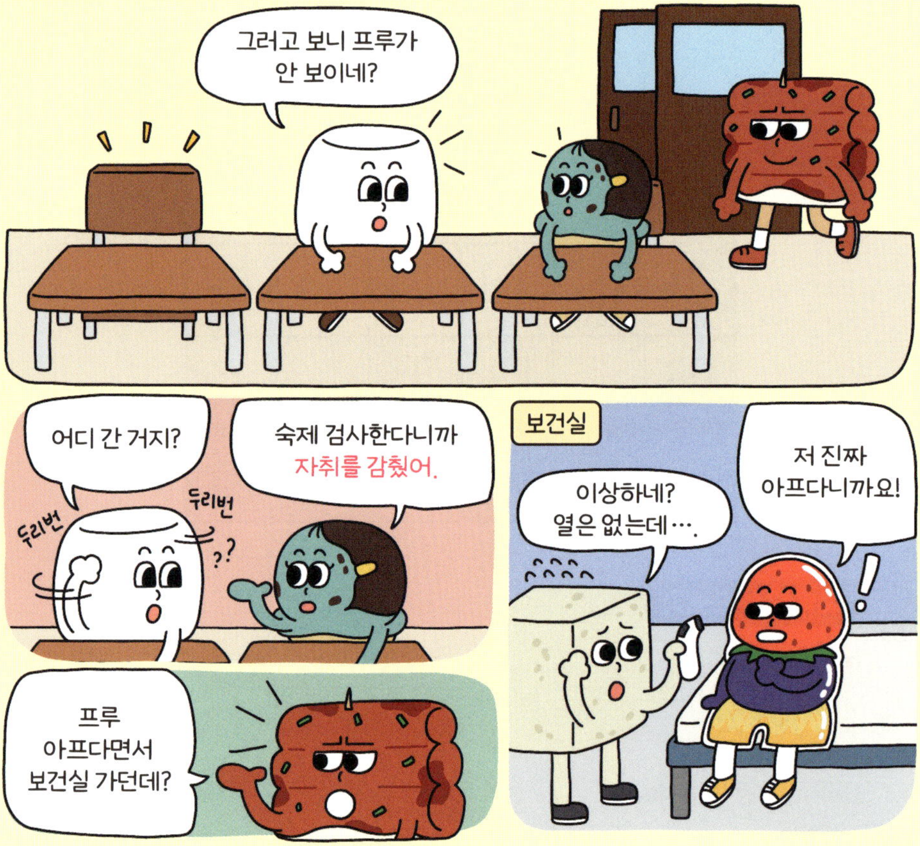

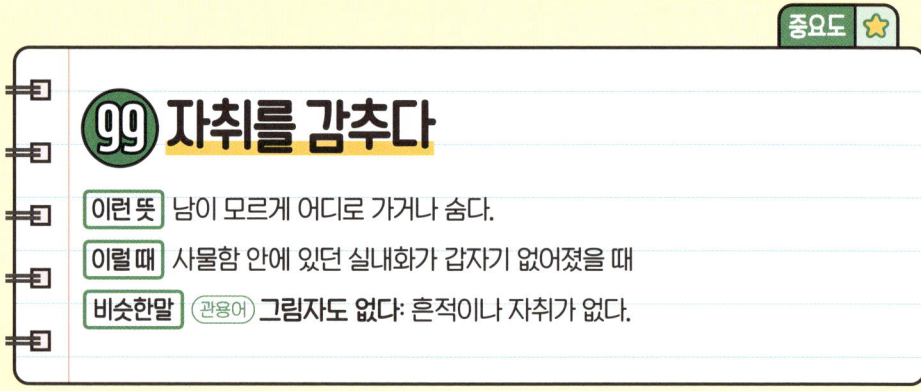

99 자취를 감추다

이런 뜻 남이 모르게 어디로 가거나 숨다.

이럴 때 사물함 안에 있던 실내화가 갑자기 없어졌을 때

비슷한말 (관용어) **그림자도 없다**: 흔적이나 자취가 없다.

 스도쿠로 익히기 | 자 취 를 감 추 다

자		추	다	취	
를	취			자	
	추			를	
감			취	다	추
추	다		자		
취			를	추	

 말 속에서 써 보기

 생일 축하해! 몰래 깜짝 파티를 준비하느라 얼마나 바빴는지 몰라.

고마워! 그래서 너희가 학교만 끝나면 그렇게 _____ 쳤구나!

 내용에서 유추하기

힌트 오늘 배운 관용어와 연관된 어휘 1개를 찾아 O 하세요.

 괜히 트집을 잡아 화기애애한 분위기를 망칠 때

중요도 ⭐

100 찬물을 끼얹다

[이런 뜻] 잘되어 가는 일에 트집을 잡아 훼방을 놓다.

[이럴 때] 반 친구들 앞에서 열심히 발표하는데, 누군가 지루하다고 말할 때

[비슷한말] (관용어) **초를 치다**: 한창 잘되어 가는 일에 방해를 놓아 일이 잘못되도록 만들다.

	찬	끼	얹		
얹			을		끼
다		을	끼		찬
끼		찬	다		
	끼	다	찬		
찬				끼	다

 저 영화 결말 알려 줄까? 결국 콧수염 탐정이 경찰에 붙잡혀.

그만해! 열심히 보고 있는데 왜 _____ 고 난리야?

힌트 내용을 읽고 암호가 무엇을 나타내는지 써 보세요.

위기에 처한 야구 대표팀

유명 야구 선수 B가 학교 폭력을 저질렀다는 논란에 휩싸였다. 이번 국제 대회에서 우승을 노리며 잘 나가던 팀 분위기에 ★●을 끼▲고 말았다.

★ _____ ● _____ ▲ _____

정답

11쪽

발	손	이
이	발	손
손	이	발

말 속에서 써 보기: 손발이 맞
글 속에서 유추하기: ★:발 ●:이 ▲:맞

13쪽

고	벗	발
발	고	벗
벗	발	고

말 속에서 써 보기: 발 벗고 나서다
글 속에서 써먹기: 팔 세 들 내 리 (벗) (고) 면

15쪽

보	듯	불
듯	불	보
불	보	듯

말 속에서 써 보기: 불 보듯 뻔
내용에서 유추하기: 결 (의) (뚜) (렷) 명 채 미 생 (심) (하) (다) 끄 러 운

17쪽

깨	가	어
가	어	깨
어	깨	가

말 속에서 써 보기: 어깨가 무
글 속에서 유추하기: ★:어 ●:가 ▲:겁

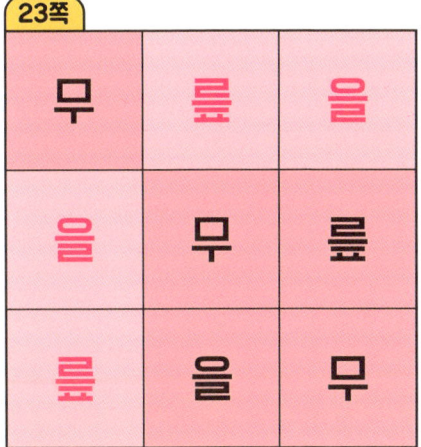

27쪽

도	국	물
물	도	국
국	물	도

- 말 속에서 써 보기: 국물도 없
- 글 속에서 써먹기: 국물 | 없다

29쪽

다	껍	두
두	다	껍
껍	두	다

- 말 속에서 써 보기: 얼굴이 두
- 내용에서 유추하기:

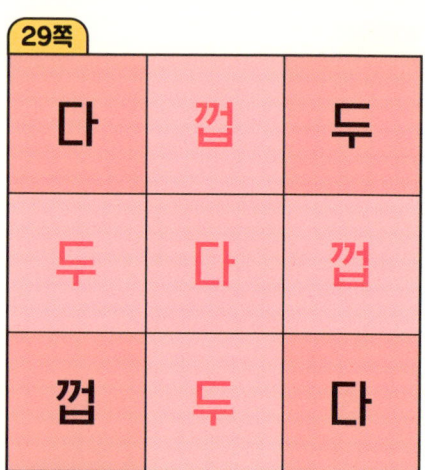

31쪽

눈	이	앞
이	앞	눈
앞	눈	이

- 말 속에서 써 보기: 눈앞이 캄캄
- 내용에서 유추하기:

33쪽

모	게	르
게	르	모
르	모	게

- 말 속에서 써 보기: 쥐도 새도 모르게
- 글 속에서 유추하기 ★: 쥐 ●: 새 ▲: 모

35쪽

발	간	의
간	의	발
의	발	간

- 말 속에서 써 보기: 간발의 차이
- 글 속에서 써먹기: 자 저 타 (차) 미 (이) 리 기

37쪽

청	이	귀
이	귀	청
귀	청	이

- 말 속에서 써 보기: 귀청이 떨어
- 글 속에서 유추하기: ★: 귀 ●: 이 ▲: 떨

39쪽

다	붙	이
이	다	붙
붙	이	다

- 말 속에서 써 보기: 눈을 붙
- 글 속에서 써먹기: 눈 l 붙이

41쪽

게	지	꺼
지	꺼	게
꺼	게	지

- 말 속에서 써 보기: 땅이 꺼지게
- 내용에서 유추하기:

43쪽

어	깨	가
가	어	깨
깨	가	어

- 말 속에서 써 보기: 어깨가 올라가
- 글 속에서 써먹기:

| 올 | 무 | 릎 | 리 | 눈 | 썹 | 이 | 가 |

45쪽

집	을	트
을	트	집
트	집	을

- 말 속에서 써 보기: 트집을 잡
- 글 속에서 유추하기: ★: 트 ●: 을 ▲: 잡

47쪽

리	가	허
가	허	리
허	리	가

- 말 속에서 써 보기: 허리가 휘
- 글 속에서 써먹기:

| 머 | 의 | 콧 | 허 | 리 | 자 | 대 | 가 |

49쪽

치	다	돋
돋	치	다
다	돋	치

- 말 속에서 써 보기: 날개가 돋
- 글 속에서 써먹기: 날개 l 돋친

51쪽

를	다	리
다	리	를
리	를	다

말 속에서 써 보기) 다리를 놓
글 속에서 유추하기) ★ : 다 ● : 를 ▲ : 놓

53쪽

귀	다	가	얇
가	얇	다	귀
얇	가	귀	다
다	귀	얇	가

말 속에서 써 보기) 귀가 얇다
글 속에서 써먹기) 귀 | 얇은

55쪽

쏟	지	다	아
다	아	지	쏟
지	쏟	아	다
아	다	쏟	지

말 속에서 써 보기) 깨가 쏟아지
글 속에서 유추하기) ★ : 깨 ● : 쏟 ▲ : 지

57쪽

깜	짝	할	눈
할	눈	깜	짝
짝	할	눈	깜
눈	깜	짝	할

말 속에서 써 보기) 눈 깜짝할 사이
글 속에서 써먹기) 코 | 기 | ⓢ사 | 깜 | 푼 | ⓞ이 | 할 | 침

59쪽

넓	다	발	이
이	발	다	넓
발	넓	이	다
다	이	넓	발

말 속에서 써 보기) 발이 넓
글 속에서 써먹기) 발ㅣ넓은

61쪽

다	손	이	맵
이	맵	다	손
손	다	맵	이
맵	이	손	다

말 속에서 써 보기) 손이 맵다
글 속에서 써먹기) 손ㅣ맵다

63쪽

다	두	르	내
르	내	두	다
내	르	다	두
두	다	내	르

말 속에서 써 보기) 혀를 내
글 속에서 써먹기) 열 걷 거 어 (혀) 글 올 (둘)

65쪽

서	해	가	쪽
쪽	가	서	해
가	쪽	해	서
해	서	쪽	가

말 속에서 써 보기) 해가 서쪽에서 뜨
글 속에서 유추하기) ★: 해 ●: 쪽 ▲: 뜨

216

67쪽

다	하	뜨	끔
끔	뜨	하	다
하	끔	다	뜨
뜨	다	끔	하

말 속에서 써 보기 가슴이 뜨끔

글 속에서 유추하기 ★: 슴 ●: 뜨 ▲: 하

69쪽

기	울	이	다
다	이	울	기
이	다	기	울
울	기	다	이

말 속에서 써 보기 귀를 기울

글 속에서 써먹기

| 귀 | 입 | 들 | 틀 | 글 | 기 | 울 | 솔 |

71쪽

두	서	곤	다
곤	다	서	두
다	곤	두	서
서	두	다	곤

말 속에서 써 보기 머리털이 곤두

내용에서 유추하기

73쪽

보	는	눈	이
눈	이	보	는
는	보	이	눈
이	눈	는	보

말 속에서 써 보기 보는 눈이 있

글 속에서 써먹기 보는 l 있다

- 말 속에서 써 보기: 뒤통수를 맞
- 글 속에서 써먹기: 뒤통수 | 맞다

- 말 속에서 써 보기: 색안경을
- 내용에서 유추하기:

- 말 속에서 써 보기: 속이 타
- 글 속에서 유추하기: ★:속 ●:이 ▲:다

- 말 속에서 써 보기: 손가락 하나 까딱 않
- 글 속에서 써먹기:

218

83쪽

다	이	손	크
크	손	이	다
손	다	크	이
이	크	다	손

- 말 속에서 써 보기: 손이 크
- 내용에서 유추하기

85쪽

어	있	씌	다
씌	다	어	있
다	어	있	씌
있	씌	다	어

- 말 속에서 써 보기: 얼굴에 씌어 있
- 글 속에서 써먹기: 얼굴 | 씌어

87쪽

매	라	졸	다
졸	다	라	매
라	매	다	졸
다	졸	매	라

- 말 속에서 써 보기: 허리띠를 졸라매
- 글 속에서 써먹기: 두 허 감 리 려 띠 아 를

89쪽

크	다	이	간
간	이	크	다
다	크	간	이
이	간	다	크

- 말 속에서 써 보기: 간이 크다
- 글 속에서 유추하기 ★: 간 ●: 크 ▲: 다

219

99쪽

면	하	두	말
말	두	면	하
하	면	말	두
두	말	하	면

말 속에서 써 보기 두말하면 잔소리
글 속에서 써먹기

| 잔 | 세 | 수 | 소 | 하 | 가 | 지 | 리 |

101쪽

운	거	뜨	맛
맛	뜨	거	운
뜨	운	맛	거
거	맛	운	뜨

말 속에서 써 보기 뜨거운 맛을
글 속에서 써먹기 뜨거운 l 맛

103쪽

물	기	과	름
과	름	물	기
름	과	기	물
기	물	름	과

말 속에서 써 보기 물과 기름
글 속에서 써먹기 물 l 기름

105쪽

발	을	끊	다
끊	다	을	발
다	끊	발	을
을	발	다	끊

말 속에서 써 보기 발을 끊
글 속에서 유추하기 ★: 발 ●: 을 ▲: 끊

107쪽

기	행	비	를
를	비	기	행
비	를	행	기
행	기	를	비

말 속에서 써 보기 비행기를 태우

글 속에서 써먹기

| 자 | 비 | 전 | 행 | 기 | 차 | 를 | 거 |

(비, 행, 기, 를 표시됨)

109쪽

보	다	을	빛
빛	을	보	다
을	빛	다	보
다	보	빛	을

말 속에서 써 보기 빛을 보

내용에서 유추하기

| 실 | 문 | 우 | 때 | 울 | 업 | 선 |
| 보 | 람 | 난 | 수 | 하 | 적 | 과 |

(보, 람, 업, 적 표시됨)

111쪽

손	익	에	다
다	에	익	손
익	다	손	에
에	손	다	익

말 속에서 써 보기 손에 익

글 속에서 써먹기 손 l 익다

113쪽

를	이	갈	다
다	갈	이	를
갈	다	를	이
이	를	다	갈

말 속에서 써 보기 이를 갈

글 속에서 유추하기 ★:이 ●:를 ▲:갈

115쪽

손	얹	을	다
다	을	얹	손
얹	다	손	을
을	손	다	얹

말 속에서 써 보기 가슴에 손을 얹
글 속에서 써먹기 손 | 얹고

117쪽

엉	이	가	덩
덩	가	엉	이
이	엉	덩	가
가	덩	이	엉

말 속에서 써 보기 엉덩이가 근질근질
내용에서 유추하기

119쪽

별	도	에	간	기
도	간	기	에	별
기	에	간	별	도
에	기	별	도	간
간	별	도	기	에

말 속에서 써 보기 간에 기별도 안 가
글 속에서 써먹기 간 | 기별

121쪽

히	다	밟	에	눈
다	밟	에	눈	히
에	눈	히	밟	다
눈	에	다	히	밟
밟	히	눈	다	에

말 속에서 써 보기 눈에 밟
글 속에서 써먹기

| 귀 | 눈 | 썹 | 에 | 게 | 걸 | 혀 | 입 |

123쪽

넣	어	눈	에	도
어	도	에	넣	눈
눈	넣	도	어	에
도	에	어	눈	넣
에	눈	넣	도	어

- 말 속에서 써 보기: 눈에 넣어도 아프지 않
- 글 속에서 유추하기: ★ : 눈 ● : 어 ▲ : 아

125쪽

코	사	이	뜰	눈
뜰	눈	사	이	코
사	뜰	코	눈	이
눈	이	뜰	코	사
이	코	눈	사	뜰

- 말 속에서 써 보기: 눈코 뜰 사이 없
- 글 속에서 써먹기: 눈코ㅣ사이

127쪽

리	다	돌	등	을
다	등	리	을	돌
돌	을	등	다	리
등	돌	을	리	다
을	리	다	돌	등

- 말 속에서 써 보기: 등을 돌리다
- 내용에서 유추하기:

129쪽

이	다	뜸	을	들
다	을	들	이	뜸
들	뜸	이	다	을
을	들	다	뜸	이
뜸	이	을	들	다

- 말 속에서 써 보기: 뜸을 들이
- 글 속에서 써먹기: 옷 뜸 는 거 을 절 하 이

131쪽

빠	목	지	이	게
게	빠	이	지	목
목	지	게	빠	이
이	게	빠	목	지
지	이	목	게	빠

말 속에서 써 보기) 목이 빠지게 기다
글 속에서 유추하기) ★: 목 ●: 빠 ▲: 기

133쪽

먹	듯	밥	하	다
하	다	듯	밥	먹
다	밥	하	먹	듯
듯	하	먹	다	밥
밥	먹	다	듯	하

말 속에서 써 보기) 밥 먹듯 하
글 속에서 써먹기) 밥ㅣ먹듯

135쪽

이	악	물	다	를
악	다	를	물	이
다	물	이	를	악
를	이	다	악	물
물	를	악	이	다

말 속에서 써 보기) 이를 악물
글 속에서 써먹기)

137쪽

작	납	해	지	다
다	해	지	작	납
해	지	납	다	작
지	다	작	납	해
납	작	다	해	지

말 속에서 써 보기) 코가 납작해
내용에서 유추하기)

| 말 속에서 써 보기 | 한술 더 뜨 |
| 글 속에서 써먹기 | 한술 | 떠 |

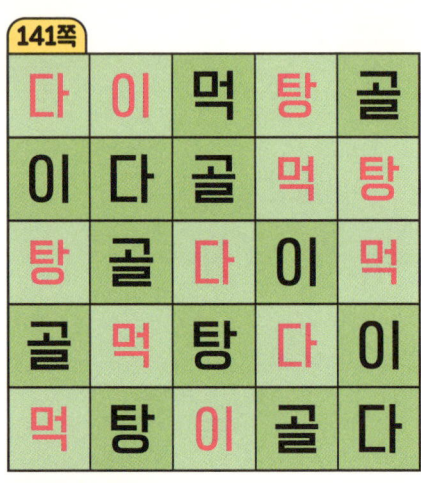

| 말 속에서 써 보기 | 골탕 먹이다 |
| 글 속에서 써먹기 | | |

| 기 | 골 | 부 | 탕 | 죽 | 끄 | 러 | 발 |

| 말 속에서 써 보기 | 꼬리에 꼬리를 물 |
| 글 속에서 유추하기 | ★ : 꼬 ● : 꼬 ▲ : 를 |

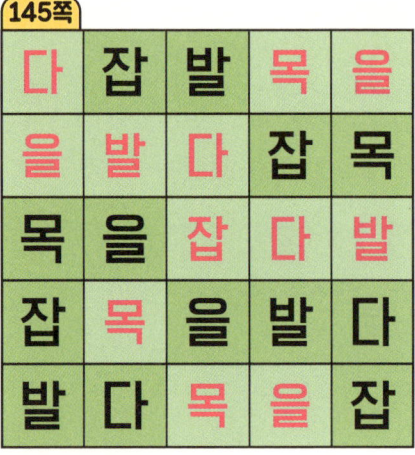

| 말 속에서 써 보기 | 발목을 잡 |
| 글 속에서 써먹기 | 발목 | 잡을 |

147쪽

달	다	니	다	고
다	다	고	니	달
니	고	다	달	다
고	니	달	다	다
다	달	다	고	니

말 속에서 써 보기 입에 달고 다니
글 속에서 써먹기

149쪽

이	붙	걷	다	어
어	다	이	걷	붙
붙	어	다	이	걷
다	걷	붙	어	이
걷	이	어	붙	다

말 속에서 써 보기 팔을 걷어붙이
내용에서 유추하기

151쪽

다	간	떨	지	어
어	지	다	떨	간
간	어	지	다	떨
떨	다	간	어	지
지	떨	어	간	다

말 속에서 써 보기 간 떨어지
글 속에서 써먹기 간ㅣ떨어지는

153쪽

투	다	쓰	를	감
다	를	감	투	쓰
쓰	감	투	다	를
감	투	를	쓰	다
를	쓰	다	감	투

말 속에서 써 보기 감투를 쓰
글 속에서 유추하기 ★ : 감 ● : 투 ▲ : 쓰

227

다	돌	군	침	이
돌	다	이	군	침
이	침	다	돌	군
침	군	돌	이	다
군	이	침	다	돌

말 속에서 써 보기 군침이 돌
내용에서 유추하기

157쪽

가	렵	가	다	귀
다	귀	렵	가	가
렵	다	귀	가	가
가	가	다	귀	렵
귀	가	가	렵	다

말 속에서 써 보기 귀가 가
글 속에서 써먹기

| 시 | 끄 | 간 | 귀 | 지 | 가 | 코 | 렵 |

159쪽

다	못	박	히	이
못	이	다	박	히
히	다	이	못	박
이	박	히	다	못
박	히	못	이	다

말 속에서 써 보기 귀에 못이 박히
글 속에서 유추하기 못 | 박히도록

161쪽

하	나	짝	깜	눈
나	눈	깜	짝	하
짝	하	눈	나	깜
깜	짝	하	눈	나
눈	깜	나	하	짝

말 속에서 써 보기 눈 하나 깜짝 안 하
글 속에서 유추하기 ★: 눈 ●: 나 ▲: 깜

163쪽

난	고	만	기	물
기	물	고	난	만
만	기	물	고	난
물	난	기	만	고
고	만	난	물	기

- 말 속에서 써 보기) 물 만난 고기
- 글 속에서 유추하기) 물 | 고기

165쪽

끓	죽	듯	다	하
다	듯	하	끓	죽
하	다	죽	듯	끓
죽	끓	다	하	듯
듯	하	끓	죽	다

- 말 속에서 써 보기) 변덕이 죽 끓듯 하
- 글 속에서 유추하기) 죽 | 끓듯

167쪽

다	침	이	마	르
르	다	마	이	침
침	마	다	르	이
이	르	침	다	마
마	이	르	침	다

- 말 속에서 써 보기) 입에 침이 마르
- 글 속에서 써먹기

| 시 | 침 | 간 | 귀 | 지 | 이 | 코 | 랩 |

169쪽

모	다	으	입	을
다	으	입	을	모
을	입	다	모	으
입	모	을	으	다
으	을	모	다	입

- 말 속에서 써 보기) 입을 모
- 글 속에서 유추하기) 입 | 모아

말 속에서 써 보기 콧대가 높
글 속에서 유추하기 콧대 l 높아진

말 속에서 써 보기 파리 날리
글 속에서 유추하기 ★:파 ●:리 ▲:리

말 속에서 써 보기 눈독을 들이
내용에서 유추하기

말 속에서 써 보기 시치미를 떼
글 속에서 써먹기 시 모 치 른 체 미 하 를

179쪽

치	웃	다	코	음	을
을	음	코	웃	다	치
다	치	을	음	웃	코
음	코	웃	을	치	다
웃	을	치	다	코	음
코	다	음	치	을	웃

- 말 속에서 써 보기: 코웃음을 치
- 글 속에서 유추하기: 코웃음 | 치는

181쪽

눈	을	심	의	하	다
의	다	하	심	을	눈
다	심	의	하	눈	을
을	하	눈	다	심	의
하	의	을	눈	다	심
심	눈	다	을	의	하

- 말 속에서 써 보기: 눈을 의심
- 글 속에서 유추하기: 눈 | 의심했다

183쪽

똥	눈	같	은	닭	물
물	은	닭	눈	같	똥
눈	물	은	같	똥	닭
같	닭	똥	물	눈	은
은	똥	눈	닭	물	같
닭	같	물	똥	은	눈

- 말 속에서 써 보기: 닭똥 같은 눈물
- 글 속에서 유추하기: ★: 닭 ●: 같 ▲: 눈

185쪽

구	름	을	뜬	다	잡
다	잡	뜬	을	름	구
을	다	잡	름	구	뜬
름	뜬	구	다	잡	을
잡	을	다	구	뜬	름
뜬	구	름	잡	을	다

- 말 속에서 써 보기: 뜬구름을 잡
- 내용에서 유추하기:

231

187쪽

말 속에서 써 보기 : 목에 힘을 주

글 속에서 써먹기

시 | 목 | 치 | 론 | 체 | 에 | 하 | 때

189쪽

말 속에서 써 보기 : 미역국을 먹다

글 속에서 유추하기 : 미역국 | 먹고

191쪽

말 속에서 써 보기 : 바가지를

글 속에서 유추하기 : 바가지 | 쓴

193쪽

말 속에서 써 보기 : 배꼽이 빠지

글 속에서 유추하기 : ★: 배 ●: 꼽 ▲: 빠

195쪽

사	숨	이	릴	돌	도
도	릴	돌	사	이	숨
이	도	사	숨	릴	돌
릴	돌	숨	도	사	이
돌	사	도	이	숨	릴
숨	이	릴	돌	도	사

말 속에서 써 보기 숨 돌릴 사이도 없
글 속에서 써먹기

197쪽

넓	이	다	오	랖	지
랖	지	오	넓	다	이
다	넓	이	랖	지	오
오	랖	지	이	넓	다
지	오	넓	다	이	랖
이	다	랖	지	오	넓

말 속에서 써 보기 오지랖이 넓
내용에서 유추하기

199쪽

김	치	가	되	다	파
파	다	되	김	치	가
다	되	파	치	가	김
치	가	김	파	되	다
되	김	다	가	파	치
가	파	치	다	김	되

말 속에서 써 보기 파김치가
글 속에서 유추하기 파김치 l 되어

201쪽

불	구	경	강	건	너
너	건	강	경	구	불
구	경	불	건	너	강
강	너	건	불	경	구
경	강	너	구	불	건
건	불	구	너	강	경

말 속에서 써 보기 강 건너 불구경
글 속에서 유추하기 ★ : 강 ● : 구 ▲ : 경

203쪽

머	를	굴	리	리	다
리	다	리	머	굴	를
다	굴	리	를	리	머
리	머	를	리	다	굴
를	리	다	굴	머	리
굴	리	머	다	를	리

말 속에서 써 보기 머리를 굴

글 속에서 써먹기

205쪽

등	에	붙	다	배	가
다	가	배	붙	에	등
붙	다	등	배	가	에
가	배	에	등	다	붙
에	붙	다	가	등	배
배	등	가	에	붙	다

말 속에서 써 보기 배가 등에 붙

내용에서 유추하기

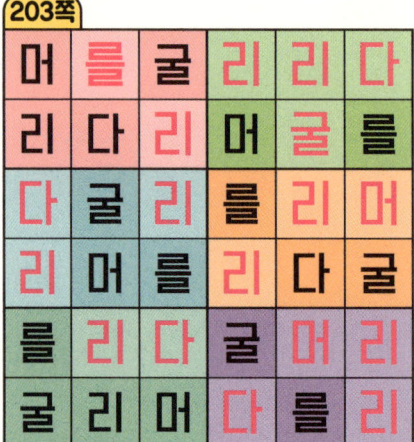

207쪽

자	감	추	다	취	를
를	취	다	추	자	감
다	추	취	감	를	자
감	를	자	취	다	추
추	다	를	자	감	취
취	자	감	를	추	다

말 속에서 써 보기 자취를 감

내용에서 유추하기

209쪽

을	찬	끼	얹	다	물
얹	다	물	을	찬	끼
다	얹	을	끼	물	찬
끼	물	찬	다	을	얹
물	끼	다	찬	얹	을
찬	을	얹	물	끼	다

말 속에서 써 보기 찬물을 끼얹

글 속에서 유추하기 ★: 찬 ●: 물 ▲: 얹

머리에 쏙 입에 착 붙는 어휘 스도쿠 관용어

발행일 2025년 10월 13일

기획 및 감수 | 맹지현
글 | 하늘땅
그림 | 마현주

펴낸곳 | 메가스터디(주)
펴낸이 | 손은진
개발 책임 | 김문주
개발 | 김숙영, 민고은, 서은영
디자인 | 양X호랭 DESIGN
마케팅 | 엄재욱, 강보현
제작 | 이성재, 장병미
주소 | 서울시 서초구 효령로 304 국제전자센터 24층
대표전화 | 1661-5431
홈페이지 | http://www.megastudybooks.com
출판사 신고 번호 | 제2015-000159호
출간제안/원고투고 | 메가스터디북스 홈페이지 <투고 문의>에 등록

*잘못된 책은 구입하신 곳에서 바꾸어 드립니다.

메가스터디BOOKS

'메가스터디북스'는 메가스터디(주)의 교육, 학습 전문 출판 브랜드입니다.
초중고 참고서는 물론, 어린이/청소년 교양서, 성인 학습서까지 다양한 도서를 출간하고 있습니다.

- **제품명** 머리에 쏙 입에 착 붙는 어휘 스도쿠 관용어
- **제조자명** 메가스터디(주) • **제조년월** 판권에 별도 표기 • **제조국명** 대한민국 • **사용연령** 3세 이상
- **주소 및 전화번호** 서울시 서초구 효령로 304(서초동) 국제전자센터 24층 / 1661-5431